Jochem Ahmann

KÜNSTLERISCHE VEREDELUNGSTECHNIKEN
Neue Einrichtungseffekte durch Patina & Co.

ars momentum.

1 ALLTAGSGEGENSTÄNDE VERZAUBERN
... mit Rost, Grünspan, Reißlack, Schlagmetall & Patinierungen — **004**

MATERIALKUNDE — **008**

ARBEITSPLATZ UND WERKZEUGE
Wie fange ich an? — **012**

2 VERGOLDEN MIT SCHLAGMETALL
Eigentlich eine leichte Übung — **016**

WAS IST EIGENTLICH SCHLAGMETALL? — **018**

ANLEITUNG ZUM VERGOLDEN — **020**

ALTER LAMPENSCHIRM MIT STOCKFLECKEN — **022**

BAMBUSSCHALEN & BAMBUSSCHÜSSELN — **026**

BAMBUSTELLER ROT-GOLD ASIATISCH — **030**

GIESSKANNE & VASE IN ZINK, LAMPENSCHIRM AUS BLECH — **034**

TERRAKOTTAVASE & DEKO-EI — **038**

BADEWANNE MIT GOLDENEN LÖWENFÜSSEN — **042**

GLASLAMPE MIT BLATTSILBER — **046**

„DEKOLAMPE" MIT SCHLAGSILBER — **050**

THRON MIT SILBER & BLAUEM SAMT — **054**

3 REISSLACK
Die spröde Schönheit — **058**

EINE KLEINE EINFÜHRUNG — **060**

ANLEITUNG ZUR REISSLACKTECHNIK — **062**

BAMBUSTELLER MIT RISSEN — **064**

BLUMENBILD MIT KRAKELÜREN — **068**

BILDERRAHMEN, HIER MAL GANZ KLASSISCH — **074**

NÄHMASCHINENTISCH MIT FEINEN RISSEN — **078**

ESSTISCH MIT VIELEN RISSEN — **082**

4 ROST & GRÜNSPAN
Einfach faszinierend — **086**

ANLEITUNG ZUR ROST- & GRÜNSPANIMITATION — **088**
ROSETTEN & STUCKLEISTEN AUS STYROPOR — **089**
SPIEGEL MIT STUCKRAHMEN — **092**
SCHRÄNKCHEN IN ROST — **094**

5 DECOUPAGE
Die Harmonie der „Schnipsel" — **098**

LAMPENSCHIRM IN DECOUPAGETECHNIK — **100**
PARAVENT IM BUNTEN KLEID — **104**
EINE VERZAUBERTE GÄSTETOILETTE — **108**

6 MISCHFORMEN
Die Lust am Ausprobieren — **112**

STYROPORREGALSTÜTZEN IN GRÜNSPAN AUF GOLD — **114**
VIERGETEILTES KUNSTWERK: „ABSTRAKTE KOMPOSITION" — **118**
GLÜCKSBRINGENDE BILDER NACH FENG-SHUI — **124**
VERGOLDETE ZINKVASE MIT PATINIERUNG & TAPETENBORDÜRE — **128**
POP-ART-BILD — **132**
BAMBUSTELLER IN DECOUPAGETECHNIK & REISSLACK — **136**
TISCHCHEN IM STILMIX — **140**

7 PERSÖNLICHES & PATINIERUNG — **144**

BEZUGSQUELLEN — **149**
LEBENSLAUF — **150**
IMPRESSUM — **152**

ALLTAGSGEGENSTÄNDE VERZAUBERN
... mit Rost, Grünspan, Reißlack, Schlagmetall & Patinierungen

Wir alle haben schon den geradezu **morbiden Reiz** erlebt, der von alten, verwitterten und verlebten Oberflächen und Gegenständen ausgeht. Welch geheimnisvolle Geschichten diese Strukturen erzählen können. Welch gelebtes und erfülltes Leben steckt in diesen Rissen, in jenen Verfärbungen. Man denkt spontan an uralte Palazzi in Venedig, an Landgüter in der Toskana, an edle Damen und galante Herren, spürt den Hauch der Vergänglichkeit.

Solch **verzauberte, ausdrucksstarke Oberflächen** können wir leicht selbst erstellen.

Stellen Sie sich bitte vor, Sie stoßen beim Bummeln durch Ihr Lieblingseinrichtungshaus auf ein ganz besonders entzückendes Möbelstück, auf ein Accessoire, das ganz im Trend der Zeit liegt und dazu genau Ihren Geschmack trifft.

„Das muss ich haben", ist Ihr einziger Gedanke.

Glücklich stehen Sie letztendlich an der Kasse, voller Vorfreude, Ihren Lieben daheim wieder einmal etwas ganz Besonderes zur Verschönerung Ihres Zuhauses mitbringen zu können – da machen Sie eine unangenehme Entdeckung:

Die meisten anderen Kunden hatten die gleiche Idee!

Auch sie konnten dem guten und dazu auch noch preiswerten Angebot nicht widerstehen. Sie selbst finden das natürlich gar nicht schön. Am liebsten würden Sie Ihren Kauf rückgängig machen oder das plötzlich reizlos gewordene Stück verschenken.

Damit sind wir schon mitten im eigentlichen Thema des Buches: Jeder von uns hat schon mal ein Einrichtungsaccessoire geschenkt bekommen, das so ganz und gar nicht zum Stil und persönlichen Geschmack passt. Wegwerfen kommt natürlich nicht in Frage, schließlich möchte man ja niemanden vor den Kopf stoßen. Es gibt schöne Möglichkeiten, den Dingen ihren ganz eigenen Charakter zu verleihen.

Lassen Sie Ihre Accessoires oder Möbelstücke doch einfach mit Stil altern!

Früher mussten Jahre vergehen, damit Oberflächen diesen ganz besonderen Zauber des Vergänglichen entfalten konnten. Zudem war es schwierig, zu teuer, zu kompliziert oder gar durch den Einsatz von Chemikalien zu gefährlich, Alterungsprozesse selbst einzuleiten und zu beschleunigen.

Das hat sich mittlerweile geändert!

Inzwischen hat die Farbindustrie hochinteressante und relativ leicht zu verarbeitende Hilfsmittel auf den Markt gebracht, die uns helfen können, künstliche Alterungsprozesse einzuleiten. Mit einfachen Mitteln lassen sich damit unscheinbare Gegenstände in Prunkstücke verwandeln, langweilige Möbelstücke in wertvolle Unikate. Selbst ausdrucksstarke kleine Kunstwerke und Dekorationsgegenstände werden Sie erschaffen können.

Sie trauen sich nicht so recht an diese Dinge heran?
Keine Angst, dieses Buch hilft Ihnen dabei.
Was Sie brauchen, ist lediglich der Mut, sich in diese Kunst einweihen zu lassen.

In einfachen, leicht nachvollziehbaren Schritten, Handgriff für Handgriff, werden Sie ins geheimnisvolle Reich der künstlichen Alterung vordringen, Wissenswertes, Verblüffendes und oft Amüsantes kennen lernen und immer mehr die Scheu verlieren, es endlich selbst auszuprobieren.

Sie werden dem Prinzip des kontrollierten Zufalls begegnen, diese Zufälligkeiten suchen und für Ihre ganz besonderen Wünsche und Vorstellungen lenken und nutzen lernen.

Sie werden beim Experimentieren viele Überraschungen erleben, vielleicht auch einiges nicht besonders gut Gelungenes verwerfen, aber auch höchst befriedigende und bewunderte Ergebnisse erzielen und präsentieren können.

Eines kann ich Ihnen aber auf jeden Fall garantieren:
Sie werden sehr viel Spaß haben und Sie werden erfüllt sein von der neuen
Freude am Experimentieren und von der Bewunderung, die man Ihrem künstlerischen Talent von allen Seiten entgegenbringen wird. Wenn die Leute nur wüssten, wie einfach das Selbermachen doch ist!

MATERIALKUNDE

Im Folgenden werden **grundsätzliche Begriffe und Materialien** erklärt, mit denen in diesem Buch gearbeitet wird.

ACRYL-ROSTSCHUTZGRUND

Acryl-Rostschutzgrund dient eigentlich dem korrosionsschützenden Voranstrich von Eisen und Stahl. Wegen seiner rotbraunen, matten Farbigkeit setze ich ihn sehr gerne ein, wenn ich ein natürlich alt wirkendes Rot brauche, z. B. als Untermalung bei Vergoldungen oder in der Krakeliertechnik, und auf eine harte und stabile Fläche nicht verzichten will.

ACRYL-VORLACK

Acryl-Vorlack eignet sich besonders gut, wenn man ein Objekt möglichst authentisch „Altweiß" bemalen und trotzdem eine gute Durchhärtung und Stabilität der Farbe erlangen möchte. Normaler Acryl- oder Alkydharzlack sieht meiner Meinung nach zu modern und perfekt aus; der höhere Talkum- und Kreideanteil im Vorlack schafft einen eher an alte Farbe erinnernden, stumpfmatten Ton.

DISPERSIONSFARBE

Dispersionsfarbe ist eine Farbe auf Kunstharz- und synthetischer Kautschukbasis mit dem Hauptbestandteil Wasser als Lösemittel und Kunststoff(harz) als Bindemittel. Da Dispersionsfarbe leicht zu verarbeiten ist und wasserfest auftrocknet, ist sie auch als Grundierung bei Antikeffekten geeignet.

Im wörtlichen Sinn (lateinisch: dispergere = zerteilen, zerstreuen) sind eigentlich die Mehrzahl der flüssigen Anstriche (Lacke, Farben usw.) Dispersionsfarben. Wir kennen Dispersionsfarbe hauptsächlich als Wohnraumfarbe.

ERDFARBTÖNE

Als Erdfarbtöne bezeichnet man auf Oxidpigmenten und Erden basierende Farben wie Umbra natur, Terra di Siena oder Van-Dyck-Braun. Durch ihre natürliche, zeitlose Qualität sind sie ideal geeignet zum Tönen, Antikisieren und Patinieren.

FARBEN AUF WASSERBASIS

Hierbei handelt es sich um Farben, die mit Acrylat, Vinyl oder anderen Latexfarben hergestellt und mit Wasser verdünnt werden. Sie trocknen schneller als Farben auf Alkydharzbasis, sind relativ geruchsarm und nicht so umwelt- und gesundheitsschädlich wie lösemittelhaltige Farben, da der flüssige Bestandteil eben Wasser ist. Die Farben trocknen dennoch wasserfest auf.

GUMMIARABIKUM

Gummiarabikum ist ein Bindemittel, das aus dem Harz der Verek- und Seyal-Akazien gewonnen wird. Es handelt sich um einen Naturstoff, der auch als Lebensmittelzusatzstoff zur Verdickung und Emulgation dient. Bei Medikamenten stabilisiert Gummiarabikum die Oberfläche von Dragees und war früher das Universalmittel zur Gummierung, etwa von Briefumschlägen und Briefmarken. In der künstlerischen Arbeit ist der verdickende und bindende Charakter des Gummiarabikums hilfreich bei der Veredelung von Gouachefarben oder für unsere Zwecke als Basisstoff von Reißlack.

MDF

MDF (Abkürzung für „Mitteldichte Faserplatte") ist ein Holzwerkstoff. Holzwerkstoffe sind Werkstoffe, die durch das Zerkleinern von Holz und anschließendem Zusammenfügen der Strukturelemente erzeugt werden. Der Name erklärt sich durch den Umstand, dass ihre Dichte zwischen der von Schnittholz und der von Nassfaserplatten liegt. Da bei der MDF-Platte die Kanten glatt und fest sind, eignet sie sich im kreativen Bereich bei entsprechender Grundierung hervorragend als Bildträger oder, wie in unserem Beispiel, als Bauteil für stabile Paravents.

OCHSENGALLE

Ochsengalle ist eine bräunlichgrüne, extraktartige Masse, die sich in Wasser klar löst und unter anderem Natriumsalze enthält. In der Reißlacktechnik sorgt Ochsengalle dafür, dass der Reißlack mit dem Grundlack die nötige Verbindung eingeht und nicht abperlt. Dazu bringt man diese auf den „fettigen", Wasser abstoßenden Untergrund (Grundlack auf Lösemittelbasis) auf, um das „Zusammenrinnen" des aufgetragenen, „mageren" Reißlackes (auf Wasserbasis) zu verhindern (Kraterbildung), und um eine homogene Oberfläche zu erzeugen. In der Malerei wird Ochsengalle als Naturhilfsmittel (Netzmittel) zum Entfetten von Untergründen vor dem Bemalen mit Gouache oder Aquarellfarben und, sparsam verwendet, als Verlaufsmittel für alle Wasserfarben eingesetzt. In Gallseife wirkt Ochsengalle übrigens emulgierend und reinigend.

SCHELLACK

Schellack wird hergestellt aus der klebrigen braunen Harzausscheidung der Lackschildlaus. Durch den Stich der Laus in bestimmte Pflanzen wird die Grundsubstanz Gummilack gewonnen. Um ein Kilo Schellack zu erhalten, benötigt man rund 300.000 Lackschildläuse. Schellack wird für verschiedene Techniken verwendet, in diesem Buch setzen wir ihn für die Versiegelung von vergoldeten Flächen ein. Früher wurde Schellack sogar zur Versiegelung und Klarlackierung von Fußböden benutzt. Wenn Schellack mit Brennspiritus verdünnt wird, ergibt er einen schnell trocknenden Lack. Bei Kontakt mit Wasser quillt Schellack, er ist also nicht wasserfest. Schellack ist je nach Sorte und Verarbeitung farblos oder in verschiedenen gelb-/bernsteinfarbigen Abstufungen erhältlich. Schellack riecht nicht unangenehm und ist nicht gesundheitsschädlich.

Anfang des 20. Jahrhunderts verwendete man Schellack zur Herstellung der ersten Tonträger, den sogenannten Schellackplatten. Auch im Lebensmittelbereich, bei der Medikamentenherstellung oder der Möbelpflege wird Schellack eingesetzt.

SCHNELLANLEGEMIXTION

Schnellanlegemixtion ist ein schnell trocknender Spezialkleber für Schlagmetall auf Wasserbasis, der über einen langen Klebezeitraum verfügt. Die Mixtion kann bis zu 15% mit Wasser verdünnt werden, bei höherem Wasseranteil werden die Klebekraft und das Trockenzeitverhalten beeinträchtigt. Die Anlegemixtion wird möglichst dünn und gleichmäßig mit einem Pinsel aufgetragen, um beste Vergoldungsergebnisse zu erzielen.

Grundsätzlich kann jeder Untergrund benutzt werden; er sollte allerdings staub- und fettfrei und nicht zu saugfähig sein. Nach etwa 15 Minuten kann man das Schlaggold anlegen, ein gut sichtbares Signal ist, dass die milchige Lösung klar aufgetrocknet ist. Bis zu 48 Stunden kann vergoldet werden. Schnellanlegemixtion ist am besten für den Innenbereich geeignet.

ZAPONLACK

Zaponlack ist ein transparenter Nitrozelluloselack, der sehr schnell trocknet.

Er bildet einen unsichtbaren Schutzfilm, der auf glänzenden Metallflächen Mattwerden, Verfärbung und Korrosion (Patina) verhindert. In Sprühdosenform oder als flüssiger Lack ist er bestens geeignet für Materialien aus Metall und Edelmetalle wie Kupfer, Silber, Messing, Bronze, Zinn und Eisen. Wir verwenden ihn beim Vergolden mit Schlagmetall.

ARBEITSPLATZ & WERKZEUGE
Wie fange ich an?

DIE RICHTIGE VORBEREITUNG

„Gelingt der Start, gelingt das Rennen..." Altes chinesisches Sprichwort

Vor Beginn der Gestaltungsarbeiten sollten Sie Ihren **Arbeitsplatz sorgfältig einrichten.** Ein eigenes Atelier ist nicht nötig, um ein schönes Werk zu schaffen. Eine ruhige Ecke in Haus oder Wohnung, wo die Arbeit nicht im Wege steht, reicht vollkommen aus – es heißt, Picasso habe seinen Weltruhm auf dem Dachboden begründet.

Alles will gut vorbereitet sein, damit der Arbeitsfluss nicht beeinträchtigt oder unterbrochen wird. Sorgen Sie dafür, dass Sie möglichst ungestört bleiben, denn ein gewisses Maß an Konzentration ist schon vonnöten.

Legen Sie sich alle Utensilien, die benötigt werden, geordnet zurecht; denn wenn Sie mitten im Arbeitsprozess etwas suchen oder sogar besorgen müssen, werden Sie feste Arbeitsabläufe zerstören und das Werk verderben.

Bis zu einer gewissen Größe der Objekte reicht ein einfacher, stabiler Tisch als Werkbank. Wichtig ist es, ihn gut abzudecken. Der Handel bietet Abdeckpappe und -flies oder Folie, genügend Zeitungspapier tut es aber auch. Immer gut mit Klebeband festkleben, damit nichts verrutschen kann.

Damit Sie sich ganz auf die Arbeit konzentrieren können, decken Sie sinnvollerweise auch Fußboden und Wand ab. Zu schnell kann es passieren, dass beim Sprenkeln und Hantieren mit Farben und Lösungen die Umgebung in Mitleidenschaft gezogen wird. Schließlich ist ein **unverkrampftes Arbeiten** die beste Voraussetzung für gute Ergebnisse!

Legen Sie Wert auf die Auswahl der Werkzeuge

– Pinsel ist nicht gleich Pinsel! Wer zu Pinseln im absoluten Sonderangebot greift, denen auch der Laie schon ansehen kann, dass sie von minderwertiger Qualität sind, der muss sich nicht wundern, wenn das Arbeitsergebnis ungenügend ist und die wenigen Borsten ganz schnell ausfallen. Auch hier hat Qualität einen berechtigten Preis. Für jeden Zweck gibt es den entsprechenden Pinsel. Die Größe sollte immer dem zu bearbeitenden Objekt angepasst sein, d. h. für große Flächen sollte ein breiter Flachpinsel verwendet werden, für kleine Gegenstände entsprechend kleinere. Für die Arbeiten in diesem Buch verwende ich nicht unbedingt die teuersten Pinsel, die auf dem Markt sind. Ich habe sehr gute Erfahrungen gemacht mit ganz einfachen Chinaborsten-Pinseln. Für Patinierungsarbeiten haben sie gerade die richtige Borstenlänge und Stabilität. Grundsätzlich sollte man immer, wenn man sich beim Kauf nicht sicher ist, das Fachpersonal um Rat fragen. Dann wird sicher eine brauchbare und preiswerte Lösung für jede Technik gefunden.

Halten Sie immer mehrere Pinsel bereit. Jede Farbe, jede Lösung braucht ihren eigenen Pinsel.

Waschen Sie die Pinsel direkt nach Gebrauch aus. Der Handel bietet heute umweltverträgliche Pinselreiniger sowohl für Öl- als auch für Acrylfarben. So lässt sich hervorragend das umweltschädliche Auswaschen mit Verdünnung vermeiden. Der Pinsel für Vergoldungsarbeiten muss immer trocken bleiben. Pflegen Sie Ihr Werkzeug sorgfältig. Nur so kann es Ihnen lange Zeit gute Dienste leisten.

Zum Anmischen und Abfüllen benutze ich gespülte Konservengläser, Papp-/Plastikbecher oder Papp-/Plastikteller. Kleine Mengen von Farbe oder Lösungen schütte ich direkt auf die zu bearbeitende Fläche und vertreibe diese sofort mit dem Pinsel. Hier können Sie viel Geld sparen, denn besondere Anmischbehältnisse sind nicht nötig. Sehr gut geeignet sind auch die kleinen Lackwannen aus dem Baumarkt; selbst normale Teller kommen infrage, wenn man sie direkt nach Gebrauch gut reinigt.

Alte Geschirrtrockentücher, aber auch die Küchenrolle sollten immer griffbereit liegen.

Ein Eimer mit Wasser und Spülmittel wird immer wieder benötigt und sollte bereitstehen.

Wird ein Schwamm benötigt, sollte es ein Naturschwamm sein. Dieser eignet sich am allerbesten für alle Arten von Patinierungen.

Zum Auftragen von Spachtelmassen bietet sich der flexible Japanspachtel gut an. Auch der normale Tapezierspachtel ist universell einsetzbar.

Beim Kauf der Farben und Lösungen sollten Sie sich vorher überlegen, wie viel Material Sie wohl benötigen. Manche Materialien verderben, wenn sie nicht innerhalb bestimmter Zeitspannen verbraucht werden. Deshalb sind Großpackungen nicht immer die billigste Lösung.

Bei bestimmten Techniken muss auf die Raumtemperatur geachtet werden. Deshalb sollten Sie immer die Produkt- und Verarbeitungsanleitung beachten!

Es ist möglich, dass Arbeitsanweisungen und -zeiten auf Produkten von denen abweichen, die ich in diesem Buch angebe. Ich gebe hier meine persönlichen, guten Erfahrungen aus der Praxis wieder, die auch einmal von der starren Gebrauchsanweisung abweichen können.

Grundsätzlich sollten Sie immer erst Versuche anstellen, bevor Sie an ein wertvolles Objekt herangehen. Eine gewisse **Übung und Materialkenntnis ist unbedingt notwendig.** Bedenken Sie zudem, dass der Faktor Zufall bei allen hier beschriebenen Techniken eine Rolle spielen wird. Deshalb ist es wichtig, sich mit der Materie vertraut zu machen. Nur so ist es möglich, den „kontrollierten Zufall" für seine Zwecke einzusetzen und noch mehr Gestaltungsmöglichkeiten auszuschöpfen.

Sie sollten immer damit rechnen, dass ein Ergebnis schon einmal optisch von einem Muster abweichen kann, obwohl Sie sich streng an einen identischen Ablauf gehalten haben. Das ist kein Mangel, sondern gibt Ihnen die Bestätigung, dass es sich immer um ein künstlerisches Unikat handelt.

Ich selbst habe immer gern alle Bücher über Kunst und Gestaltung gelesen, die ich bekommen konnte. Auch Architektur- und Reisebücher sind absolut wertvoll, um ein Auge zu bekommen für die Feinheiten der Farbigkeit und die Schönheit der Altersspuren. Außerdem sind sie ein unerschöpflicher Schatz an Anregungen und Ideen – sie machen einfach Lust auf künstlerische Betätigung und das theoretische Wissen ist unabdinglich, um erfolgreich Alltagsgegenstände verzaubern zu können. Betrachten Sie dieses „Lernen" nicht als Last, Sie werden schnell Freude daran finden.

Vielleicht greifen Sie jetzt zu Ihrer Lieblingsmusik oder kochen sich Ihren Lieblingstee oder tun ganz einfach das, was Sie am meisten inspiriert und Ihre Kreativität anregt, denn es kann losgehen.

2

VERGOLDEN MIT SCHLAGMETALL
Eigentlich eine leichte Übung

Beim Arbeiten mit Schlagmetall von „Vergolden" zu sprechen, ist irreführend. Der Begriff „Vergolden" ist in Fachkreisen nur dem echten Blattgold vorbehalten. Nichtsdestotrotz hat sich dieser Allgemeinbegriff auch für „unedles" Material eingebürgert.

Wir alle kennen den Begriff Blattgold und wissen, dass es sich hierbei um hauchdünne Folien aus echtem Gold handelt, die man sogar essen oder – z. B. im Danziger Goldwasser – trinken kann. Blattgold wird extrem dünn geschlagen und gewalzt: Ein Gramm Gold ergibt bei einer Dicke von üblicherweise 100 nm eine Fläche von etwa 0,5 qm. Das echte Blattgold kannte man schon in der Antike und der Beruf des Goldschlägers etablierte sich in Deutschland um 1400. Zentren der Blattgoldherstellung waren die Städte Nürnberg, Fürth und Schwabach. Heute wird Blattgold hauptsächlich zur Echtvergoldung von Bilderrahmen, Mobiliar, Architekturelementen, Stuck oder Ikonen verwendet. Es kann wunderbar auf Hochglanz poliert werden.

Warum also arbeiten wir nicht auch mit echtem Blattgold anstatt mit Schlagmetall?

Dafür gibt es mehrere Gründe:
Zum einen ist Schlagmetall aus Kostengründen ein guter Echtgoldersatz. Zum anderen ist es etwa viermal dicker als Blattgold, dadurch ist es etwas reißfester und für unsere Vergoldungsarbeiten leichter zu handhaben. Darüber hinaus ist der Beruf des Goldschlägers nicht ohne Grund ein hoch angesehener Lehrberuf, denn das Arbeiten mit echtem Blattgold erfordert viel Wissen und Erfahrung und ist recht kompliziert. Für unsere Gestaltungsarbeiten **ist also Schlagmetall genau der richtige Werkstoff.**

WAS IST EIGENTLICH SCHLAGMETALL?

Schlagmetall wird auch Blattmetall, Franzgold, Pariser Gold, unechtes Blattgold oder Kompositionsgold genannt. Es handelt sich um sehr dünn ausgewalzte und geschlagene Metallfolie aus 80% Kupfer und 20% Gold oder 70% Kupfer und 30% Zink. Auch 85% Kupfer und 15% Zink sind heutzutage üblich. Aufgrund ähnlicher Farbe und Reflexion ist es optisch kaum von echtem Gold zu unterscheiden. Darüber hinaus gibt es Schlagmetall basierend auf Messing, das durch unterschiedliche Anteile von Kupfer verschiedene Farbtöne annimmt. Schlagsilber und Schlagaluminium wird, wie der Name schon sagt, aus Aluminium hergestellt. Hier gibt es nur einen sehr schönen Silberfarbton, der aber nie schmutzig oder billig wirkt. Schlagaluminium oxidiert nicht, deshalb muss es nur versiegelt werden, wenn es im Freien Verwendung finden soll.

Bei der Verarbeitung von Schlagmetall kommt es zur Oxidation durch chemische Reaktionen, Luftfeuchtigkeit, Fingerabdrücke und auch Handschweiß. Selbst das Verarbeiten mit Baumwollhandschuhen kann diese Reaktionen nicht immer verhindern. Schlagmetall sollte daher mit Lack überzogen werden, auch wenn dadurch der auftretende Oxidationsprozess nicht unterbunden, sondern lediglich verlangsamt wird. Aber selbst Klarlacke können Stoffe enthalten, welche die Oxidation fördern. Ich habe gerade bei Acryllack auf Wasserbasis die Erfahrung gemacht, dass Trübungen und Verfärbungen eintreten. Bewusst eingesetzt kann dies jedoch sehr eindrucksvoll aussehen.

Der Handel bietet alternativ verschiedene Sprühfixative an und Sie sollten unbedingt auch mit Schellack in seinen verschiedenen farblichen Eigenschaften experimentieren.

Gewähren Sie nie eine Garantie auf eine Schlagmetalloberfläche, da Verfärbungen und Farbveränderungen unvermeidbar sind.

Leider geht durch den meist notwendigen Lacküberzug der metallene Charakter der „Vergoldung" durch die entstehende Lichtbrechung verloren. Das „Gold" sieht dann eher wie angestrichen aus und die Fläche verliert ihr „Feuer".

Diese Tatsachen sollten uns allerdings überhaupt nicht stören, da wir ja gerade solche Alterungsspuren kultivieren und fördern wollen. Eigentlich ist doch nichts langweiliger als eine allzu perfekte Oberfläche!

Ich kann Sie nur ermutigen, verschiedene Methoden – mit Lack oder ohne – auszuprobieren. Sie werden sicherlich etwas finden, das Ihnen zusagt. Im Übrigen werden Sie von allen Zufälligkeiten überrascht und oft begeistert sein.

Die natürliche Alterung lässt sich ja auch nicht vorschreiben, wie sie gefälligst zu verlaufen hat.

Schlagmetall ist, wie schon erwähnt, viermal dicker als echtes Blattgold. Dadurch verfangen sich beim Abfegen lose Flocken gern in Vertiefungen, die bei einer perfekten Vergoldung unsauber wirken würden, bei Patinierungs- und Alterungstechniken allerdings authentischer wirken.

Gern arbeite ich immer häufiger mit einer Variation des Schlagmetalls, dem sogenannten Oxidmetall.

Ich muss zugeben, dass ich diesem bunt schillernden, auf den ersten Blick fast kitschig anmutenden Material anfangs sehr skeptisch gegenüber stand. Es schien mir zu dekorativ, zu sehr „Bastelmaterial" zu sein. Heute, nach vorsichtigen Annäherungsversuchen, habe ich seine vielfältigen Einsatzmöglichkeiten zu schätzen gelernt. Wie immer kommt es darauf an, was man draus macht!

Angeboten wird Oxidmetall meist in Flockenform und in drei Farbtönen:

- bunt schimmernd rot
- bunt schimmernd grün
- bunt schimmernd blau

Geschickt eingesetzt erzielt man oft wunderbar überraschende, im wahrsten Sinne des Wortes schillernde Ergebnisse. Verarbeitet wird Oxidmetall übrigens wie ganz normales Schlagmetall.

Wussten sie schon?

Oxidmetall hat durch Hitze und Sauerstoffzufuhr einen Oxidationsprozess durchlaufen und schimmert in allen Farben. Durch den Einsatz von Lochblechen erreicht man auch geometrische Muster, die, gezielt eingesetzt, wunderschöne Bilder ergeben. Das macht den besonderen Reiz von Oxidmetall aus.

ANLEITUNG ZUM VERGOLDEN

Der Arbeitsprozess ist bei allen folgenden Anwendungsbeispielen immer gleich. Zuerst wird das Objekt mit **WASSER UND SPÜLMITTEL** abgewaschen, um den Untergrund zu entfetten und ihn tragfähig zu machen.

Danach wird der Gegenstand mit dem **KLEBER UND DER SCHNELLANLEGE-MIXTION AUF WASSERBASIS** gleichmäßig eingepinselt.

Wenn die milchigweiße Flüssigkeit klar aufgetrocknet ist, kann mit der Verarbeitung des **SCHLAGMETALLS** begonnen werden.
Hierbei werden die Goldflocken oder -blätter auf die klebrige Fläche aufgebracht und mit einem trockenen **PINSEL** angedrückt und geglättet. Mit dem Pinsel, der nicht zu hart sein sollte, werden überschüssige Grate abgebürstet.

Danach alles etwa sechs Stunden trocknen lassen.
Zum Schluss wird noch die Fläche oder das Objekt versiegelt. Dazu eignen sich **SCHELLACK, ZAPONLACK, ACRYLKLARLACK ODER EIN FIXATIV.**

ALTER LAMPENSCHIRM MIT
STOCKFLECKEN

Sie kennen das sicher, beim Stöbern in der hintersten Ecke des Kellers stoßen Sie unverhofft auf eine alte Stehlampe, die dort deponiert wurde, da der Lampenschirm mit den Jahren unansehnlich geworden war. Durch die lange Zeit im Keller sind auch einige Stock- und Feuchtigkeitsflecken hinzugekommen. Ein Fall für den Sperrmüll, oder kann man doch noch etwas aus dem ursprünglich recht attraktiven Objekt herausholen?

Irgendwie wirken diese Stockflecken ja auch durchaus dekorativ.

Ich entscheide mich dafür, das zufällige Muster der Flecken aufzugreifen und durch eine lockere Vergoldung mit Oxidmetall bunt schillernd rot aufzuwerten und so einen harmonischen Gesamteindruck zu schaffen.

MATERIAL

- Alter Lampenschirm mit Stockflecken
- Pinsel für Schnellanlegemixtion, Oxidmetall, Schellack, Zaponlack/Fixativ
- Schnellanlegemixtion
- Gefäß für die Schnellanlegemixtion (z. B. Plastikbecher)
- Ein Beutel (1g) mit Oxidmetall bunt schillernd rot in Flockenform
- Schellack
- Zaponlack oder Fixativ als Schutzlackierung vor Oxidation

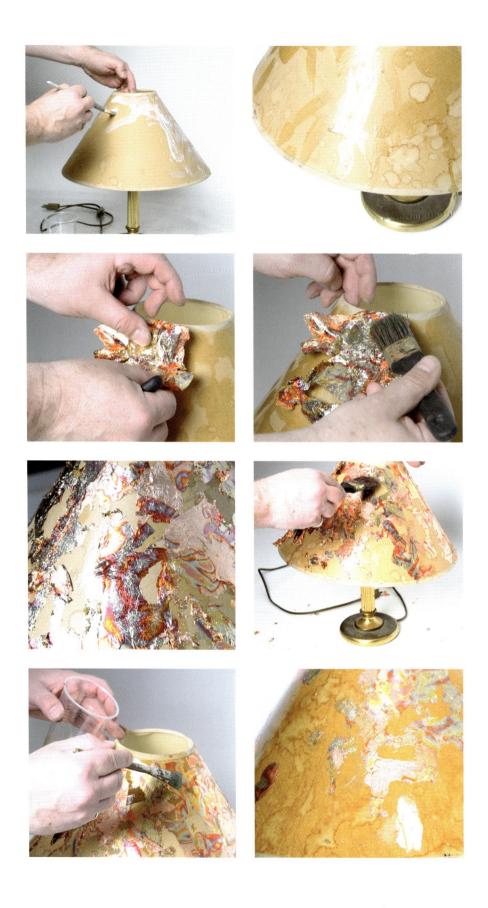

ARBEITSSCHRITTE

Achten Sie darauf, dass der Untergrund sauber, staub- und fettfrei ist. Zuerst wird etwas **SCHNELLANLEGEMIXTION** in das Gefäß geschüttet.

Dann den **LAMPENSCHIRM** mit Anlegemixtion locker einpinseln. Dabei darauf achten, besonders „schöne" Stockflecken nicht mit Kleber zu bestreichen, da die Flecken ja zum Gesamtbild beitragen sollen. Den **PINSEL** anschließend sofort mit Wasser auswaschen, damit er nicht verklebt und unbrauchbar wird.

So lange warten, bis die weißliche Anlegemilch klar glänzend aufgetrocknet ist. Nach etwa 20 Minuten ist der Kleber soweit und kann bearbeitet werden. Die Klebekraft hält ca. 48 Stunden.

Jetzt locker **DIE FLOCKEN DES OXIDMETALLS** auf den Kleber legen und mit dem **ZWEITEN, TROCKENEN PINSEL** glatt streichen. Dabei Grate und lose Fusseln abstreichen. Schön ist es, dass auch der Goldstaub an dem Klebstoff hängen bleibt. So ergibt sich eine weitere Gestaltungsnuance, die sehr hübsch aussieht.

Nach dem Glattstreichen der Oxidmetallflocken den **LAMPENSCHIRM MIT DEM GEWÄHLTEN SCHUTZ VERSIEGELN** und trocknen lassen. Sinnvoll ist es, am nächsten Tag die Versiegelung zu wiederholen.

Das erzielte Ergebnis überzeugt.

Die ursprünglich störenden Flecken harmonisieren perfekt mit dem oxidierten Schlagmetall.

BAMBUSSCHALEN &
BAMBUSSCHÜSSELN

Bei einem Streifzug durch Dekorations- und Einrichtungshäuser wird man immer wieder auf Bambusartikel stoßen. Als nachwachsender Rohstoff, der sehr hart und flexibel ist, war es nur eine Frage der Zeit, wann Bambus auf dem europäischen Markt eine Rolle spielen würde. Heute erhält man neben Möbeln und Accessoires sogar schon Fußbodenparkett aus Bambus. Für uns sind kleine Objekte wie Schalen und Schüsselchen interessant.

Vor einiger Zeit reichte die **ungewohnte Exotik des Materials** noch aus, um uns zu begeistern. Heute, wo jeder Chinaimbiss selbstverständlich „stilecht" Bambusdekorationen einsetzt, darf man schon mal kundig das Aussehen des Materials verändern.

Bambus lässt sich ebenso leicht mit Schlagmetall belegen wie eigentlich alle nicht zu stark saugenden Materialien. Es kann im Prinzip immer auf die gleiche Weise vorgegangen werden.

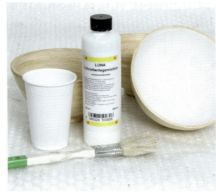

MATERIAL

- 3 Bambusschüsselchen
- Pinsel für Schnellanlegemixtion, Oxid-/Schlagmetall, Schellack
- Grundierweiß
- Schnellanlegemixtion
- Gefäß für Mixtion
- Ein Beutel (1g) Oxidmetall bunt schimmernd grün in Flockenform
- Schlagmetall mittelgold-gelblich
- Schellack

ARBEITSSCHRITTE

Jede der drei Schüsselchen soll anders bearbeitet werden, um die Vielfalt der Gestaltungsmöglichkeiten mit Schlagmetall aufzuzeigen.

EINE DER SCHÜSSELN wird innen mit dem **GRUNDIERWEISS** vorgestrichen. Etwa sechs Stunden trocknen lassen.

Dann **DIE BEIDEN ANDEREN SCHÜSSELN** innen mit **SCHNELLANLEGEMIXTION** einstreichen, während diese trocknen, wird die erste außen eingestrichen.

Wenn der milchige Kleber klar aufgetrocknet ist, wird eine Schüssel mit dem **SCHLAGMETALL MITTELGOLD-GELBLICH** belegt. Einen **TROCKENEN PINSEL** benutzen. Das Gold über die ganze Fläche auftragen und mit dem Pinsel andrücken und abbürsten.

Auf gleiche Weise die zweite Schüssel mit **OXIDMETALL** bekleben und die dritte außen wiederum mit dem Schlagmetall.

Sorgfältig alle Grate mit dem Pinsel wegstreichen.

Jetzt können die Schüsselchen mit dem **SCHELLACK** versiegelt werden.

Denken Sie daran, ## Schellack ist nicht wasserfest!

Tipp: Sie können statt des Schellackes auch Klarlack auf Wasserbasis verwenden.

BAMBUSTELLER
ROT-GOLD ASIATISCH

Sind Sie schon gepackt von dem Wunsch, Neues auszuprobieren?
Es ist wirklich ganz einfach!

Jetzt setze ich beim Bambusteller ein simples Mittel ein, um ein dekoratives, asiatisch anmutendes Muster zu erzielen – handelsübliches Klebeband. Da die Oberfläche durch das Muster unregelmäßiger und lebhafter wird, wähle ich ein Schlagmetall im Farbton Mittelgold-gelblich.

MATERIAL
- Bambusteller
- Pinsel für Acrylfarbe, Schnellanlegemixtion, Schlagmetall
- Acrylfarbe Rot
- Klebeband
- Schnellanlegemixtion
- Gefäß für Mixtion
- Schlagmetall mittelgold-gelblich

ARBEITSSCHRITTE

Der **TELLER** wird als erstes mit **ACRYLFARBE ANGEMALT**. Rot kontrastiert sehr schön mit Gold, es kann aber natürlich jeder Farbton gewählt werden.

Nach dem Durchtrocknen der Grundfarbe werden unregelmäßig abgerissene **KLEBEBANDSTREIFEN** kreuz und quer über den Teller geklebt. Dabei ist zu bedenken, dass nur die jetzt unbeklebten Stellen später golden sein werden. Übertreiben Sie es deshalb mit dem Abkleben nicht, weniger kann hier mehr sein.

Bei allem Zufall ein wenig auf die Komposition achten.

Das Klebeband an den Rändern fest andrücken, dann weiter wie beschrieben verfahren:

ANLEGEMILCH auftragen.

Nach dem klaren Auftrocknen Flächen mit **GOLD** belegen und mit einem **PINSEL** abbürsten.

Danach vorsichtig die Klebebandstreifen wieder entfernen. Dort, wo das Klebeband verhindert hat, dass Kleber auf die Oberfläche aufgetragen werden konnte, bleibt der Bambusteller rot. So ergibt sich ein reizvolles Muster.

Nach dem Trocknen wie gewohnt nach Wunsch **VERSIEGELN**.

Wie Sie sehen, ist es möglich, der Fantasie freien Lauf zu lassen. Sowohl das Innere als natürlich auch das Äußere der Schalen kann vergoldet werden. Sie können selbstverständlich auch die ganze Schale vergolden. Dann wird in zwei Etappen gearbeitet. Auch die Wahl der Goldfarbe ist wie immer Geschmackssache.

Wie schon gesagt: Experimentieren Sie einfach!

Tipp: Wenn der Teller als Wandobjekt aufgehängt werden soll, kann auf der Rückseite problemlos ein normaler Bilderhaken angebracht werden.

Bambusholz „arbeitet", d. h. durch Wärme und Kälte oder trockene bzw. feuchte Luft kann es, gerade auch bei diesen Gefäßen, zu kleinen Rissen kommen. Der Schönheit der Objekte tut dies jedoch keinen Abbruch.

METALLGEGENSTÄNDE VERGOLDEN:
GIESSKANNE & VASE IN ZINK, LAMPENSCHIRM AUS BLECH

Überall stolpert man über mehr oder weniger nützliche kleine Dinge – im Baumarkt, im Gartencenter, oder im Kaufhaus. Schon für wenig Geld finden sich Objekte, die geradezu dafür geschaffen sind, dass wir mit ihnen immer neue Gestaltungsvariationen ausprobieren.

Neben dem einen oder anderen durchaus reizvollen Plastikobjekt möchte ich Sie aufmerksam machen auf den altbewährten Werkstoff Zink.

Gehörten in den 50er- und 60er-Jahren Gebrauchsgegenstände wie Badewannen, Eimer oder Mülltonnen aus Zink zum Alltagsbild, so wurden sie in den folgenden Jahrzehnten immer mehr durch die preiswerten und praktischen Materialien Kunststoff und Plastik ersetzt.

Die Rückbesinnung auf die guten alten Zeiten etwa in den 90er-Jahren schuf ein erneutes Bedürfnis nach nostalgischen Dingen. Man erinnerte sich an die Schönheit eigentlich altmodischer Gebrauchsartikel.

Heute freuen sich wieder mehr Menschen über den Anblick von Gegenständen aus Zink.

Am Beispiel einer einfachen kleinen Gießkanne und einer Zinkvase zeige ich Ihnen, wie Sie noch schöner Ihre Blumen pflegen können.

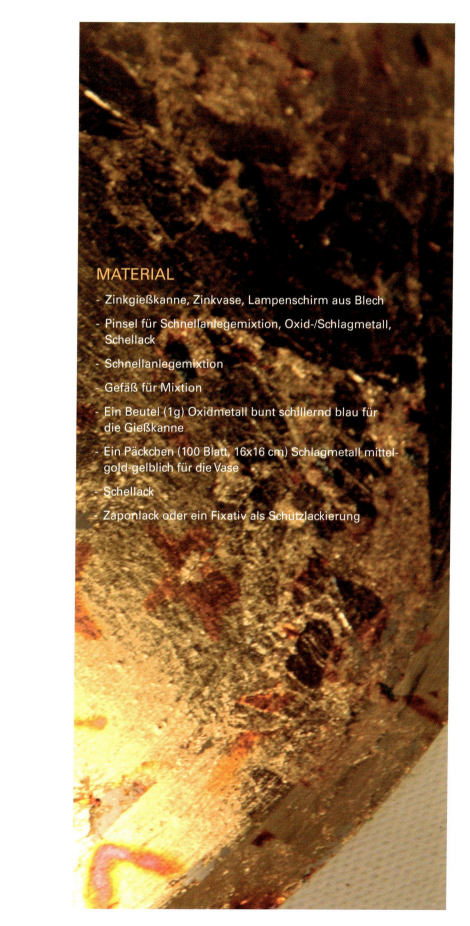

MATERIAL

- Zinkgießkanne, Zinkvase, Lampenschirm aus Blech
- Pinsel für Schnellanlegemixtion, Oxid-/Schlagmetall, Schellack
- Schnellanlegemixtion
- Gefäß für Mixtion
- Ein Beutel (1g) Oxidmetall bunt schillernd blau für die Gießkanne
- Ein Päckchen (100 Blatt, 16x16 cm) Schlagmetall mittel-gold-gelblich für die Vase
- Schellack
- Zaponlack oder ein Fixativ als Schutzlackierung

ARBEITSSCHRITTE

Sowohl **GIESSKANNE** als auch **VASE** werden zuallererst mit etwas **WASSER UND SPÜLMITTEL** gereinigt, um eine fettfreie und griffige Oberfläche zu erhalten.

Daraufhin erfolgt das Einstreichen der Oberfläche mit der **SCHNELLANLEGE-MIXTION**. Wurde mehr Mixtion als nötig in das Gefäß geschüttet, kann man diese ohne Bedenken zurück in die Flasche füllen.

Den **PINSEL** auswaschen.

Nach dem Auftrocknen des Klebers an der Gießkanne die **OXIDMETALLFLOCKEN** mit dem **TROCKENEN PINSEL** andrücken und glätten, sodass nach und nach eine vollständig geschlossene Goldfläche entsteht.

Die Vase wird auf gleiche Weise mit dem **SCHLAGMETALL** belegt. Dabei darf das hauchdünne Material ruhig reißen; es ist immer möglich, Lücken in der Fläche später aufzufüllen, da der Kleber ja lange seine Klebekraft behält.

Die losen Flocken und Grate mit dem Pinsel vorsichtig abbürsten.

Am nächsten Tag können Sie die Gegenstände wie bekannt **VERSIEGELN**.

Genauso verfahren Sie mit dem kleinen **METALLLAMPENSCHIRM**. Setzen Sie hierbei die geometrische Färbung des Oxidgoldes nach Möglichkeit nicht ganz willkürlich ein, um zu einem schönen harmonischen Gesamtbild zu kommen.

ACHTUNG! Wollen Sie mit Schlagmetall Gold beschichtete Gegenstände im Freien aufbewahren, sollten Sie diese unbedingt mehrmals mit Klarlack lackieren.

Sie werden jedoch nicht verhindern können, dass die Objekte mit der Zeit weiteraltern.

TERRAKOTTA VERGOLDEN:
TERRAKOTTAVASE & DEKO-EI

Sprödes Material wie Terrakotta lässt sich nach meiner Erfahrung ebenfalls ohne große Probleme wunderbar mit Schlagmetallen verschönern. Dabei bleibt die Oberflächenstruktur natürlich grober und löchriger als auf einer völlig glatten Fläche. Wir setzen diesen Umstand geschickt ein, um unser Ziel, die Gegenstände altern zu lassen, zu erreichen.

Das Material Terrakotta saugt den Kleber stärker auf als Material mit einer glatten, porenfreien Oberfläche. Das ist nicht weiter hinderlich für unsere Vergoldungsarbeit. Ratsam ist jedoch, die Schnellanlegemixtion wenigstens zweimal aufzutragen, um mit Sicherheit die komplette Oberfläche mit Kleber zu versehen. Das verdoppelt natürlich auch die Wartezeit, bis wir weiterarbeiten können.

MATERIAL
- Terrakottavase und Deko-Ei
- Pinsel für Grundierweiß, Schnellanlegemixtion, Schlagmetall und Klarlack
- Grundierweiß
- Schnellanlegemixtion
- Schlagmetall, Farbe nach persönlichem Geschmack
- Klarlack

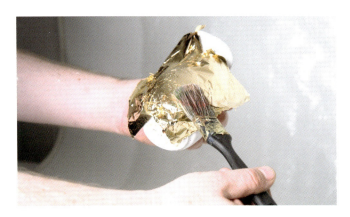

ARBEITSSCHRITTE

Will man ganz sicher gehen und eine möglichst glatte Oberfläche erzielen, sollte man noch vor dem Auftragen des Klebers bis zu dreimal das Objekt mit **GRUNDIERWEISS** einstreichen. Dabei kann man hochwertige Grundierung aus dem Künstlerbedarf einsetzen, aber eigentlich sind alle auf Wasser basierenden Farben ausgezeichnet geeignet.

Zwischen den Grundierungsschritten empfiehlt es sich, mit feinem **SCHLEIFPAPIER (KÖRNUNG 100)** leicht anzuschleifen, um wirklich eine glatte Fläche zu erhalten.

Nach der Vorbereitung mit Kleber kann dann wie bekannt das **SCHLAGMETALL** verarbeitet werden. Die Arbeitsschritte bleiben gleich, die Auswahl der Blattgoldfarbe ist Geschmackssache.

Wussten Sie schon?

Wasserbasierende Farben/Wasserfarben nennt man Farben, die mit Acrylat-, Vinyl- oder anderen Latexfarben hergestellt und mit Wasser verdünnt werden. Sie trocknen schneller als Farben auf Alkydharzbasis, sind relativ geruchsarm und für unsere Zwecke einfach praktischer. Ihr flüssiger Bestandteil ist hauptsächlich Wasser. Trotzdem trocknen sie vollkommen wasserfest auf.

Interessant!

Das in Acrylatfarben verwendete Acrylharz wird in vielen modernen Produkten eingesetzt, u. a. auch zur Herstellung von festem Plexi-(Acryl-)glas.

BADEWANNE MIT
GOLDENEN LÖWENFÜSSEN

Ein Freund hat davon gehört, dass ich an einem Buch über Patinierung und Vergoldung arbeite. Er rief an und wollte wissen, was denn so alles in diesem Anleitungsbuch vorkommen würde. Ich erklärte es ihm gerade ausführlich, als er mich unterbrach. „Moment mal, ich glaube, da habe ich etwas für dich!"

Und so bin ich zu einer alten Badewanne mit Löwenfüßen gekommen, die im Garten steht und nur darauf wartet, verschönert zu werden. Eigentlich ist die Badewanne schon schön genug, feine Risse überziehen das verblichene Emailleweiß. Ist sie erst einmal mit Blumen, vielleicht Hortensien, bepflanzt, wird sie ein wunderbares Stillleben abgeben und eine Zierde des Gartens sein. Doch etwas fehlt tatsächlich – ich finde, Löwenfüße an Badewannen müssen grundsätzlich aus Gold sein.

MATERIAL

- Badewanne mit Löwenfüßen
- Pinsel für Rostschutzfarbe, Schnellanlegemixtion, Schlagmetall, Klarlack
- Wasser mit Spülmittel
- Lappen
- Rostschutzfarbe auf Wasserbasis
- Schnellanlegemixtion
- Schlagmetall mittelgold-gelblich
- Klarlack auf Wasserbasis

ARBEITSSCHRITTE

Warten Sie einen trockenen, sonnigen Tag ab, damit Sie ohne Wetterumschwung und Regen in Ruhe draußen arbeiten können.

Zuerst säubern Sie sorgfältig die metallenen Löwenfüße. Im Freien setzen sie doch viel Schmutz an.

Rotbraun ist ein wunderbarer Kontrast zu glänzendem Gold. Rotbraun ist auch der Farbton einer **ROSTSCHUTZGRUNDIERUNG AUF WASSERBASIS**, die für unsere Zwecke perfekt geeignet ist. In diesem Beispiel benutze ich den Rostschutzgrund nur aus farbästhetischen Gründen, da ein wenig Rost ja den alten Charakter dieser Badewanne nur unterstreichen würde. Wollen Sie aber die Farbe als Rostschutz einsetzen, sollten sie unbedingt die Füße noch sorgfältiger säubern und mit feinem Schleifpapier jegliche rostige Stellen bearbeiten und entfernen.

Danach wird wie gewohnt die **SCHNELLANLEGEMIXTION** mit dem **PINSEL** aufgetragen.

In der vollen Sonne trocknet die Anlegemilch noch schneller auf und so können wir schon bald weiterarbeiten.

Jetzt kann das **SCHLAGMETALL** aufgebracht werden. Achten Sie in freier Natur darauf, dass der Wind nicht zu heftig weht, denn das hauchdünne Material kann Ihnen schnell davonfliegen.

Sorgfältig mit **TROCKENEM PINSEL** Goldflocken und Grate abfegen, hierbei hilft Ihnen nun eine leichte Brise.

Danach wie gewohnt versiegeln. Unter freiem Himmel am besten dreimal mit dem gewohnten **ACRYLLACK** versiegeln, um den bestmöglichen Schutz zu erlangen.

So geben Sie dem schönen ländlichen Stillleben durch einen kleinen goldenen Eingriff das gewisse Etwas.

In diesem Fall ist weniger offensichtlich mehr:
Der Korpus der alten Badewanne mit seinen leichten Altersspuren sollte nicht unbedingt bearbeitet werden.

GLASLAMPE
MIT BLATTSILBER

Jetzt haben wir schon so viel mit Blattgold(ersatz) gearbeitet, nun kann es zur Abwechslung auch einmal Blattsilber, besser Schlagaluminium sein.

Schlagaluminium wird genauso angeboten wie das goldene Schlagmetall. Üblich sind Verpackungseinheiten von 100 Blatt im Format 16 x 16 cm. Verarbeiten lässt es sich wie das Blattgold, es ist also nur eine Frage des persönlichen Geschmacks oder der Farbharmonie (Silber auf dunkelblauem oder schwarzem Grund wirkt besonders elegant), welches man benutzt. Im Gegensatz zu Schlagmetall Gold, das ja bekanntlich oxidiert und mit Schutzlack überzogen werden muss, tritt beim Schlagaluminium keine Oxidation ein, und so braucht es nicht zwingend einen Schutzüberzug. Soll der Gegenstand allerdings im Außenbereich genutzt werden, ist eine Schutzlackierung immer empfehlenswert. Gegenstände, die regelmäßig abgestaubt werden, sollten Sie besser auch versiegeln.

In unserem ersten Arbeitsbeispiel soll eine einfache gläserne Tischlampe locker mit Schlagaluminium belegt werden.

MATERIAL

- Tischlampe aus Glas
- Pinsel für Schnellanlegemixtion, Schlagmetall, Klarlack
- Wasser mit Spülmittel
- Schnellanlegemixtion
- Schlagmetall Aluminium
- Klarlack

ARBEITSSCHRITTE

Auch beim Schlagsilber gilt die schon bekannte Reihenfolge:

Zunächst säubern bzw. entfetten und dann mit der ANLEGEMIXTION einpinseln. Nach dem Auftrocknen kann das SCHLAGSILBER aufgelegt werden.
In diesem Fall werden wiederum die gerissenen Metallblätter so aufgeklebt, dass eine offen-gebrochene Oberfläche entsteht. Selbstverständlich kann auch komplett versilbert werden.

Nach dem Abbürsten mit dem TROCKENEN PINSEL wird dann versiegelt.

Wenn eine neue Tischlampe bearbeitet wird, kann jetzt das Kabel angebracht werden.
Bei einer schon zusammengesetzten Lampe sollte man eventuell vor Arbeitsbeginn Kabel usw. sorgfältig abkleben.

Die Lampe wird jetzt ein wunderbar **weiches Licht** werfen.

Selbstverständlich kann auch mit allen anderen Schlagmetallen gearbeitet werden. Probieren Sie es doch einfach aus.

„DEKOLAMPE"
MIT SCHLAGSILBER

Mein zweiter Vorschlag für den Einsatz von Blattsilber ist eines dieser „unwiderstehlichen Angebote". Da diese vielteilige und auf den ersten Blick kompliziert wirkende „Dekolampe" aus weißem Kunststoff wirklich sehr preiswert war, konnte ich einfach nicht umhin, sie zu kaufen. Hier braucht es zwar ein wenig Fleißarbeit, doch das Ergebnis kann sich sehen lassen.

Ich entschließe mich, vor dem Zusammensetzen der vielen Einzelteile jedes einzelne Blatt der Dekolampe zu versilbern. **Keine Sorge, es ist einfacher, als es zuerst aussieht.** Der Arbeitsprozess bleibt gleich.

MATERIAL

- Dekolampe
- Pinsel für Schnellanlegemixtion, Schlagmetall
- Wasser mit Spülmittel
- Schnellanlegemixtion
- Schlagmetall Silber

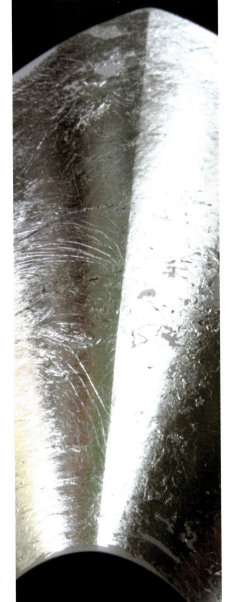

ARBEITSSCHRITTE

Jedes einzelne Blatt wird auf der Oberfläche (auf den Falz achten!) gesäubert, dann wird der **KLEBER** aufgetragen.

Zum Trocknen so legen, dass die Einzelteile nicht zusammenkleben.

Nach dem Trocknen der Anlegemilch das **SCHLAGALUMINIUM** auftragen – je nach Wunsch vollflächig oder auch mit Lücken.

Mit dem **PINSEL** abbürsten.

Zum Schluss versiegeln. (In diesem Fall habe ich darauf verzichtet, da die Lampe ja nicht im Freien aufgehängt wird.)

Abschließend werden die Einzelteile nach Gebrauchsanweisung zusammengesetzt.

Diese Lampe ist sicherlich ein Unikat und wirkt wertvoller als das Modell aus weißem Plastik.

Möchten Sie einen noch wärmeren Eindruck erreichen, können Sie natürlich das Ganze mit Schlagmetall Gold herstellen. Auch hier sind Ihrer Fantasie keine Grenzen gesetzt.

Bevor wir nun das Kapitel über „Vergolden mit Schlagmetall" abschließen, möchte ich an einem letzten Beispiel noch die Verwendung von Schlagaluminium in „majestätischem" Umfang demonstrieren ...

EINFACH MAJESTÄTISCH
THRON MIT SILBER UND BLAUEM SAMT

Wer möchte sich nicht wenigstens manchmal **wie ein König fühlen**, wenn auch nur zu Hause, im eigenen Badezimmer. Ein Besuch auf dem Flohmarkt, im Trödelladen oder der Requisitenverkauf des Stadttheaters können diesen Traum wahr machen.

Allerdings kann es notwendig sein, der Schönheit eines Objektes etwas nachzuhelfen. In unserem Beispiel sieht der Sessel mit Schlagmetall einfach besser aus, da Gold zu blauem Samt nun mal nicht so recht passen will.

MATERIAL

- Sessel mit Bezug aus blauem Samt
- Pinsel für Vorstreich-/Acrylfarbe, Schnellanlegemixtion, Schlagmetall
- Abklebeband und Abdeckpapier (alte Zeitungen)
- Weiße Vorstreichfarbe auf Wasserbasis
- Blaue Acrylfarbe
- Schnellanlegemixtion
- Schlagmetall Silber

ARBEITSSCHRITTE

Den kompletten Sessel so abkleben, dass nur der Rahmen unbedeckt bleibt. Vorsicht, immer darauf achten, dass das **KLEBEBAND** fest angedrückt ist, da die Farbe schnell unter das Klebeband fließen kann!

Alle Polsterteile mit **PAPIER** bedecken; schnell kann beim Streichen Farbe tropfen und der komplette Bezug ist verdorben.

Mit der weißen **VORSTREICHFARBE** alle Holzrahmenteile sorgfältig streichen. Gut durchtrocknen lassen (Gebrauchsanweisung auf der Dose beachten).

Mit der blauen **ACRYLFARBE** danach alle vorgestrichenen Flächen bemalen. (Das Blau sollte mit dem Farbton des Stoffes übereinstimmen; eventuell die blaue Farbe mit etwas Schwarz mischen.)
Danach wieder gut durchtrocknen lassen.

Jetzt alles mit der **ANLEGEMILCH** einstreichen, klar auftrocknen lassen und dann mit dem **SCHLAGSILBER** belegen.
Mit einem trockenem Pinsel glatt streichen und Fusseln und Grate entfernen.

Schön sieht es aus, wenn nicht komplett mit Silber belegt wird, sondern blaue Risse und Flächen stehen gelassen werden.

Zum Schluß vorsichtig das Abdeckpapier und Klebeband entfernen.

Der majestätische Thron ist einfach eine Pracht und verzaubert jeden Raum.

Ich bin sicher, es werden Ihnen weitere Ideen kommen, je öfter Sie mit dem tollen Material Schlagmetall arbeiten und experimentieren. Das finanzielle Risiko, etwas zu verderben, ist relativ gering und mit der Übung am kleinen, einfachen Objekt gewinnen Sie gewiss die Sicherheit und den Mut, sich an ungewöhnlichere Gegenstände zu wagen. In jedem Fall sollten Sie aber vorher Proben machen und bei jedem neuen Material Vorversuche durchführen. So können Sie eine Enttäuschung vermeiden und durchaus auch einmal wertvolle Stücke verschönern. Wichtig bleibt aber, **den guten Geschmack zu wahren** und auch einmal zu sagen: Das hier rühre ich nicht an. Das ist in sich schön und stimmig!

Tipp: Auch moderne (Sitz-)Möbel, die auf den ersten Blick nicht dem „typischen" Objekt zur Bearbeitung mit Schlagmetall entsprechen, entwickeln durch die Anwendung dieser Technik einen ganz neuen Charakter. So kann z. B. aus einem einfachen und günstigen Holzstuhl ein attraktives, modernes Kunstobjekt werden.

3

REISSLACK
Die spröde Schönheit

EINE KLEINE EINFÜHRUNG

Die Reißlacktechnik wird gern angewendet, um den Anschein von Alterung dekorativ einzusetzen. Eigentlich das Resultat eines fehlerhaften Farbauftrags, wirkt dieses feine, so zufällig anmutende Gespinst aus zarten Rissen und Sprüngen überaus faszinierend. Im 18. Jahrhundert entdeckte man den Liebreiz asiatischer Lackarbeiten und Keramiken und versuchte, diese feinen Risse künstlich zu imitieren.

Bewusst und gezielt eingesetzt gibt Reißlack verschiedenen Objekten und Malereien einen reizvollen antiken Charakter. Das **interessante Linienspiel feiner Risse** kann durch vielfältige farbliche Gestaltung des Untergrundes und der Risse betont werden. Die Reißlacktechnik eignet sich ideal zur „schnellen Alterung", verleiht aber auch moderner Gestaltung einen einzigartigen Ausdruck.

Auf alten Ölgemälden deuten wir diese Risse derart, dass das Gemälde betagt und kostbar sein muss. Dabei entstehen sie, weil die einzelnen Ölfarbschichten nicht genügend Zeit hatten, vollkommen durchzutrocknen. Deshalb wird in der Ölmalerei normalerweise nach dem Prinzip: „fett auf mager" gearbeitet. Das bedeutet: Ein Gemälde wird grundsätzlich mit Farben auf Wasserbasis (mager) untermalt, wie Tempera oder Gouache. Diese ersten Schichten können so schnell und umfassend durchtrocknen und bilden damit einen idealen

Untergrund für die weitere Bemalung mit der (fetten) Ölfarbe.

Wenn Türen und Fensterläden in der prallen Mittagssonne gestrichen werden, kann man diesen Effekt ebenfalls erleben. Die Hitze lässt die zu schnell auftrocknende Farbe, die mit weiteren Farbschichten auch noch bedeckt wird, reißen und aufspringen.

In der Reißlacktechnik machen wir uns diesen eigentlich fehlerhaften Farbauftrag ganz geschickt zunutze. Die im Handel erhältlichen, aufeinander abgestimmten Systeme ermöglichen es, dass diese auf den ersten Blick schwer und kompliziert erscheinende Technik relativ einfach zu realisieren ist. Dennoch sollten auf jeden Fall Proben durchgeführt werden, um nicht eventuell ein wertvolles Unikat zu schädigen. Bei der Reißlacktechnik spielen nämlich viele Faktoren, wie Untergrund, Raumtemperatur, Luftfeuchtigkeit, Schichtdicke, Auftragsart und die Einhaltung von Zeiten, eine nicht zu unterschätzende Rolle. Der Trocknungsgrad der Grundlackschicht ist auf jeden Fall entscheidend für das Ergebnis der Rissbildung. Wenn der Reißlack aufgebracht wird, sollte der Grundlack nicht vollständig trocken sein, sondern nur die Oberfläche einen geschlossenen Film bilden. Bei großflächiger Anwendung sollten Sie testen, womit Sie besser arbeiten können, z. B. mit einem breiten Pinsel oder gar einer Rolle, um einen schnellen und einheitlichen Auftrag zu erzielen.

ANLEITUNG ZUR REISSLACKTECHNIK

Die folgenden Schritte gelten im Prinzip für alle Anwendungsbeispiele zum Thema Reißlack in diesem Buch.
Sie werden sehen, es ist alles weniger kompliziert, als es zuerst scheinen mag.

UNTERGRUND

Eigentlich kann man auf fast allen Untergründen die Reißlacktechnik anwenden. Öl- und Acrylmalereien sind ganz problemlos. Gegenstände aus Metall, Kunststoff, Keramik, Holz oder Glas müssen vor der Behandlung gründlich mit **TERPENTINERSATZ, BRENNSPIRITUS ODER SPÜLMITTEL** gereinigt und entfettet werden. Gut verleimtes Papier, Ölpapier für Lampenschirme, Karton usw. brauchen keine weitere Vorbehandlung. Möchte man ein einheitliches Rissbild erzielen, sollte man darauf achten, dass der Untergrund über die gesamte Fläche leicht saugend ist.

1. SCHRITT

Tragen Sie den **GRUNDLACK** (lösemittelhaltig, streng riechend) möglichst gleichmäßig über die gesamte, gut durchgetrocknete Fläche auf. Noch einmal: Der Trocknungsgrad der Grundlackschicht ist maßgeblich verantwortlich für die Art der Rissbildung. Grundregel: Je trockener die Schicht beim Auftrag des Reißlackes – der Reißlack ist übrigens auf Wasserbasis und riecht nicht so unangenehm –, umso feiner wird das Netz der Risse. Aber Achtung: Der Grundlack darf dennoch nicht vollständig durchgehärtet sein! Als Richtzeit kann man je nach Dicke des Auftrags und der Umgebungstemperatur etwa 60 Minuten annehmen.

2. SCHRITT

Um einen gleichmäßigen Verlauf des Reißlackes zu gewährleisten, sollten Sie ein paar Tropfen **OCHSENGALLE ODER SPÜLMITTEL** hineinmischen. Dann gleichmäßig über die komplette Fläche verteilen. Danach können Sie das bearbeitete Objekt ruhen lassen. Über Nacht werden sich auf jeden Fall wunderschöne feine Risse gebildet haben.

Ich persönlich nehme allerdings meinen guten alten Föhn zur Hand und setze die mit Reißlack eingestrichene Fläche gleichmäßig der Hitze aus. So geht es schneller und es entstehen kräftige, deutliche Risse.

Grundregel: Bei größeren, derberen Flächen ergeben große Risse ein überzeugenderes Bild; kleine, feine Gegenstände harmonisieren eher mit feinen Krakelüren. Aber das ist auch Geschmackssache.

3. SCHRITT

Da die so entstandenen Risse fast unsichtbar sind, können diese jetzt mit **ÖLFARBE** eingerieben werden. Dabei reibt man mit einem Lappen oder mit dem Finger die Ölfarbe in die Risse ein und bedeckt so die gesamte Oberfläche.

Ein antiker Charakter entsteht durch einen dunklen Farbton, z. B. Van-Dyck-Braun, gebrannte Siena oder Umbra natur, aber grundsätzlich können alle Farbtöne eingesetzt werden. Unerlässlich ist es nur, Ölfarbe zu benutzen, da andere Farben wie z. B. Acryl oder Gouache zu schnell antrocknen und nicht mehr weiterzubearbeiten sind.

Ist die ganze Fläche mit Ölfarbe eingerieben, wischt man danach mit einem Lappen vorsichtig die überflüssige Farbe ab, ohne die Ölfarbe in den Rissen wieder herauszureiben. Es ist nicht so schlimm, wenn ein Ölfarbfilm auf der Fläche verbleibt.

4. SCHRITT

Nach dem Durchtrocknen der Ölfarbe in den Rissen – nach etwa ein bis zwei Tagen – waschen Sie die wasserlösliche Reißlackschicht am besten mit warmem Wasser ab. Bei kleineren Objekten mache ich dies in der Dusche oder Badewanne. Solange die Oberfläche noch klebrig ist, hat man die Reißlackschicht noch nicht vollständig abgewaschen. So kann man den Grundfarbton wieder herstellen und die Risse deutlich machen. Allerdings habe ich die Erfahrung gemacht, dass der Grundfarbton immer etwas getrübt ist, so erhält man bei einer weißen Grundfarbe einen zarten Elfenbeinton. Bei einer Antikpatinierung ist so etwas ja gerade erwünscht.

Zum Abschluss lassen wir das Objekt am besten noch etwa zwei Tage durchtrocknen, um es abschließend ein- bis zweimal mit einer schützenden Lackschicht zu überziehen. Dazu kann man handelsübliche **KLARLACKE** auf Lösemittelbasis, aber auch den verwendeten Grundlack einsetzen.

Wussten Sie schon?

Krakelee (Craquelee): Dekorative, im 18. Jahrhundert in Frankreich entwickelte Lasur- und Glasurtechnik zur Imitation der feinen, netzartigen Risse auf den damals sehr beliebten lackbearbeiteten Keramiken aus Asien und japanischen Raku-Töpferwaren. „Alterssprünge" sind eigentlich Risse in Farbschichten, die beim Alterungsprozess durch unterschiedliche Reaktionen von Bildträger, Grundierung, Farbschichten und Firnis entstehen können. Diese dekorativen Risse und Sprünge können wie hier beschrieben auch künstlich mithilfe der Reißlacktechnik erzeugt werden.

LEICHTER EINSTIEG:
BAMBUSTELLER MIT RISSEN

In der Reißlacktechnik gibt es **zwei Arten von Rissbildung.** Die eine, durch die die sogenannten Lackrisse entstehen und bei der eine Farbschicht über einer anderen relativ grob aufreißt, erkläre ich hier. Sie werden sehen, es ist ganz einfach und die Arbeit geht fast von allein.
Anschließend beschreibe ich Ihnen die feine, asiatisch anmutende Rissbildung, Krakelee genannt, die ein wenig aufwändiger ist.

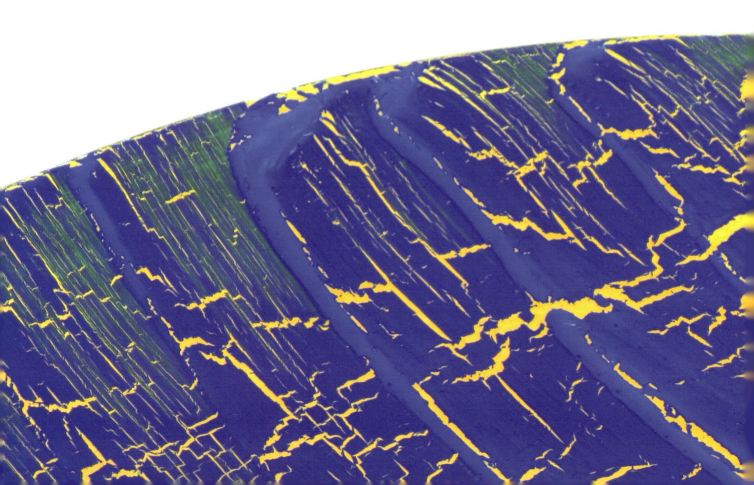

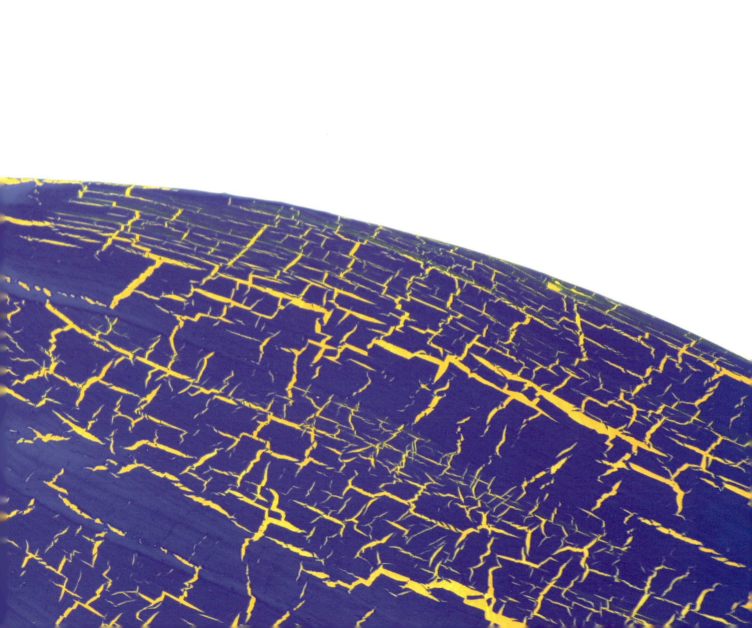

MATERIAL

- Bambusteller
- Pinsel für Acryl-/Dispersionsfarbe, Reißlack
- Acryl-/Dispersionsfarbe, zwei gut kontrastierende Farben (hier Gelb und Blau)
- Reißlack 2 oder Krakelierlack auf Wasserbasis
- Gefäße

ARBEITSSCHRITTE

Der Bambusteller wird mit **GELBER FARBE** vollkommen eingestrichen. Nach dem Trocknen den **REISSLACK 2** oder das **KRAKELIERMITTEL** gleichmäßig in eine Richtung auf die Farbe auftragen.

Den Reiß-/Krakelierlack völlig durchtrocknen lassen. Es darf keine feuchte Stelle mehr zu finden sein.

Nun die **BLAUE ACRYL-/DISPERSIONSFARBE** eher dünn mit zügigen Pinselstrichen auftragen. Sie sollten unbedingt vermeiden, zweimal über eine Stelle zu streichen, da die Farbschicht sofort anfangen wird zu reißen.

Ist die Oberfläche vollkommen mit Farbe bedeckt, können Sie zuschauen, wie eine Reaktion einsetzt, die obere blaue Farbschicht aufreißt und gelbe Risse erscheinen.

Über Nacht ist alles vollständig durchgetrocknet und die Rissbildung abgeschlossen. Sie können an dieser Stelle den Föhn einsetzen, um die Trocknungszeit und die Stärke der Rissbildung zu beeinflussen.

Die Acryl-/Dispersionsfarben trocknen wasserfest auf, Sie können natürlich auch abschließend mit **KLARLACK** versiegeln. Sie sehen, ein tolles Ergebnis zu erzielen ist wirklich viel leichter als zuerst angenommen.

BLUMENBILD
MIT KRAKELÜREN

Jetzt ist die Zeit reif für die zweite Reißlacktechnik, das Krakelee.

Zu Beginn des Kapitels bin ich ausführlich auf diese Technik mit Grund- und Reißlack eingegangen. Die einzelnen Schritte werde ich anhand der folgenden Arbeitsbeispiele nochmals kurz wiederholen. **So wird es Ihnen leichtfallen, diese schöne Technik einzusetzen.**

Die meisten neuen Möbel und Gegenstände wirken durch ihre glatte Perfektion oft seelenlos. Sie alle profitieren von der leicht verblichenen Schönheit eines Krakelees, das ist der Fachbegriff für feine Haarrisse in Glasur oder Farblasur (siehe auch Info auf S. 63). Heute erfreut sich das Krakeleemuster großer Beliebtheit. Zum Beispiel wird bei der beliebten sogenannten „Landhausküche" der Reißlack industriell mit einer Spritzpistole aufgetragen. Wir wollen nun den Zauber und die Vorzüge des Krakelees in Handarbeit selbstständig ausführen. Diese Technik ist aufwändiger als die vereinfachte Reißlacktechnik, dennoch lohnt sich die Beschäftigung mit ihr ohne Angst davor, das Objekt zu verderben. Das Ergebnis wird in seiner **schlichten Eleganz** einfach bezaubernd sein.

Unser erstes Versuchsobjekt ist eines dieser auf Leinwand oder Papier aufgedruckten Fotos oder Poster, die schon auf Keilrahmenleisten aufgezogen sind, damit sie direkt dekorativ an die Wand gehängt werden können. Die Krakeliertechnik eignet sich prima dazu, ein solches Bild optisch aufzuwerten und es edler wirken zu lassen.

MATERIAL

- Dekofoto
- Pinsel für Grund-/Reißlack, Ölfarbe, Klarlack
- Grundlack 1 und Reißlack 2
- Ochsengalle oder Spülmittel
- Künstlerölfarbe weiß
- Gefäße
- Pinselreiniger
- Eimer mit warmem Wasser, Lappen
- Klarlack zur Endversiegelung

Tipp: Papier vor der Bearbeitung mit Klarlack vorgrundieren, um es zu stabilisieren.

Info: Grundlack 1 ist lösemittelhaltig und enthält Alkydharz. Man erkennt ihn leicht an seinem strengen Geruch. Reißlack 2 enthält Gummiarabikum und Wasser, er riecht eher angenehm.

ARBEITSSCHRITTE

Das Bild wird mit dem **GRUNDLACK 1** komplett eingestrichen. Den **PINSEL** direkt danach mit Pinselreiniger/Terpentinersatz o. Ä. reinigen. Die Grundlackschicht antrocknen lassen (50 bis 90 Minuten).

Dem **REISSLACK 2** einige Tropfen **OCHSENGALLE** oder **SPÜLMITTEL** beifügen, damit der Lack gleichmäßiger verlaufen kann.

Ist die Gundlackschicht nur noch ganz leicht klebrig, wird der Reißlack 2 mit dem Pinsel gleichmäßig aufgetragen. Der Effekt der Rissbildung im Grundlack entsteht bei der Trocknung der Reißlackschicht. Wieder kann starke Hitze eines **FÖHNS** zur Rissbildung beitragen, das Objekt kann aber auch über Nacht ruhen. Die Risse entwickeln sich auf jeden Fall.

Die jetzt entstandenen Risse sind fein und fast unsichtbar. Das unterscheidet sie von den Ergebnissen der ersten Technik, den Lackrissen. Um sie sichtbar zu machen, müssen sie eingefärbt werden. Dazu nimmt man am besten **KÜNSTLERÖLFARBE**, da sie lange Zeit offen bleibt ohne anzutrocknen. Acrylfarbe und andere Farben auf Wasserbasis kommen nicht infrage, da sie zu schnell trocknen.

Die Ölfarbe – in diesem Fall Weiß, um der zarten Farbigkeit des Blumenbildes zu entsprechen – reibe ich mit dem Finger systematisch über die ganze Oberfläche in die Risse ein. Es kann natürlich auch ein Lappen zu Hilfe genommen werden. Wenn die Oberfläche vollständig eingerieben ist, lässt man das Objekt eine Stunde ruhen.

Danach wird mit einem **WEICHEN TUCH** (Küchenrolle oder Mallappen gehen auch) die Ölfarbe wieder vorsichtig von dem Bildträger abgewischt. Dabei nicht zu fest drücken, da die Farbe ja in den Vertiefungen der Risse bleiben und nur die Oberfläche gereinigt werden soll. Es ist nicht schlimm, wenn nach dem Abreiben noch Farbschlieren auf dem Bild zurückbleiben, im weiteren Verlauf der Bearbeitung werden diese noch beseitigt.

Jetzt der in den Rissen zurückgebliebenen Ölfarbe etwa zwei bis drei Tage Zeit geben, richtig durchzutrocknen.

Dann mit Lappen und warmem Wasser die wasserlösliche Reißlack-2-Schicht aufweichen und vorsichtig abwaschen. Kleine Objekte lassen sich gut unter der Dusche bearbeiten.

Die verbliebene Ölfarbschicht wird mit der Reißlackschicht fast vollständig abgewaschen. Die mit Ölfarbe gefüllten Risse werden wunderbar sichtbar.

Wenn die Fläche sich nicht mehr klebrig anfühlt, ist der Reißlack gut abgewaschen und das Objekt kann nach weiteren 24 Stunden Trocknungszeit mit **KLARLACK** versiegelt und geschützt werden.

Kleine Unsauberkeiten, ich nenne sie „Bananenflecken", lassen sich nach meiner Erfahrung nie hundertprozentig vermeiden, da die geringste Beeinträchtigung des Untergrundes reicht, um den Rissprozess zu beeinflussen.
So wird sich die Oberfläche sehr stark kraterförmig zusammenziehen, wenn man die Oberflächenspannung nicht mithilfe der Ochsengalle oder des Spülmittels gebrochen hat. In diesen Kratern und Unregelmäßigkeiten bleibt dann die Ölfarbe wie in den feinen Rissen haften und bildet größere Farbflächen.

Tipps: Nachgiebige Untergründe wie auf Rahmen gespanntes Papier oder Leinwand sollten unbedingt von unten abgestützt werden, damit sie bei der Bearbeitung nicht durchgedrückt und beschädigt werden. Ein großer Bildband oder Werkzeugkasten eignet sich gut.

Experimentieren Sie mit dem Einsatz von mehr oder weniger Ochsengalle. Es kann zu wunderbaren zufälligen Ergebnissen führen.

BILDERRAHMEN
HIER MAL GANZ KLASSISCH

So stellt man es sich vor, wenn man auf dem Trödelmarkt einen alten Bilderrahmen entdeckt, der anscheinend schon seit hundert Jahren das Portrait des würdig blickenden Urahnen einfasst: verwittert, rissig, eingestaubt.

Eben echt antik.

Doch wir wissen mittlerweile, dass der Schein trügen kann ...

Mithilfe unseres Wissens können wir einen fabrikneuen Bilderrahmen ganz schnell altern lassen.

MATERIAL

- ein vom Werk aus grundierter Bilderrahmen
- Pinsel für Grund-/Reißlack, Ölfarbe, Schellack
- Grundlack und Reißlack
- Ochsengalle oder Spülmittel
- Föhn
- Ölfarbe Umbra natur
- Eimer mit Wasser, Schwamm, weiches Tuch
- Schellack (Sorten Doppelsonne und Lemon indisch)

ARBEITSSCHRITTE

Der Bilderrahmen wird gleichmäßig mit dem lösemittelhaltigen **GRUNDLACK** eingepinselt.

Trocknen lassen, bis die Schicht oberflächentrocken ist.

Einen Spritzer **OCHSENGALLE** oder **SPÜLMITTEL** in den **REISSLACK** geben, um einen gleichmäßigen Auftrag zu erzielen.

Jetzt den **REISSLACK** auf Wasserbasis mit einem anderen **PINSEL** ebenfalls gleichmäßig aufstreichen.

Vollständig durchtrocknen lassen, evtl. mit einem **FÖHN** das Trocknen beschleunigen.

Nun wird der ganze Rahmen mit der **ÖLFARBE** eingeschmiert (Finger oder Tuch).

Etwa eine Stunde ruhen lassen, dann vorsichtig die überschüssige Ölfarbe mit einem **WEICHEN LAPPEN** wieder abwischen, ohne die Farbe aus den nun sichtbar gewordenen Rissen herauszureiben.

Es bleibt ein brauner Film auf dem Rahmen zurück.

Nun lassen wir das Ganze ungefähr drei Tage durchtrocknen.

Dann den Rahmen mit dem **SCHWAMM** und **WARMEM WASSER** abwaschen.

Der wasserlösliche Reißlack lässt sich wunderbar abwaschen und nimmt dabei die verbliebene Schicht von Ölfarbe mit.

Der gesamte Rahmen wird wieder heller und die feinen Risse können kräftig hervortreten.

Trocknen lassen.

Abschließend kann der Rahmen mit **SCHELLACK** versiegelt werden.

So, ich denke, das Ergebnis kann sich sehen lassen.
Jeder wird nun wohl annehmen, dass er hier einen sehr alten Rahmen vor sich hat.
Er ist auf jeden Fall sehr dekorativ und lässt sich wunderbar einsetzen –
ein wahrer Hingucker!

Tipp: Experimentieren Sie mit den unterschiedlichen Färbungen des Schellackes! So lassen sich noch weitere interessante Farbschattierungen erzielen.

NÄHMASCHINENTISCH
MIT FEINEN RISSEN

Der alte Nähmaschinentisch, auf dem heute etwas zweckentfremdet ein Telefon steht, ist einfach zu dunkel. Viel schöner wäre es, wenn er zwar alt, aber freundlicher in seiner Farbigkeit aussehen würde. Mit unserem neu errungenen Wissen ist die Lösung ganz einfach. Die Oberfläche des Tisches wird elfenbeinfarben patiniert und mit einigen Reißlackspuren versehen.

MATERIAL

- Nähmaschinentisch
- Pinsel für Vorstreichfarbe, Grund-/Reißlack, Ölfarbe, Acrylklarlack
- Schleifpapier/Schleifklotz
- Weiße Vorstreichfarbe
- Grundlack 1 und Reißlack 2
- Ölfarbe Terra di Siena
- Lappen
- Eimer mit warmem Wasser, Gefäße
- Acrylklarlack

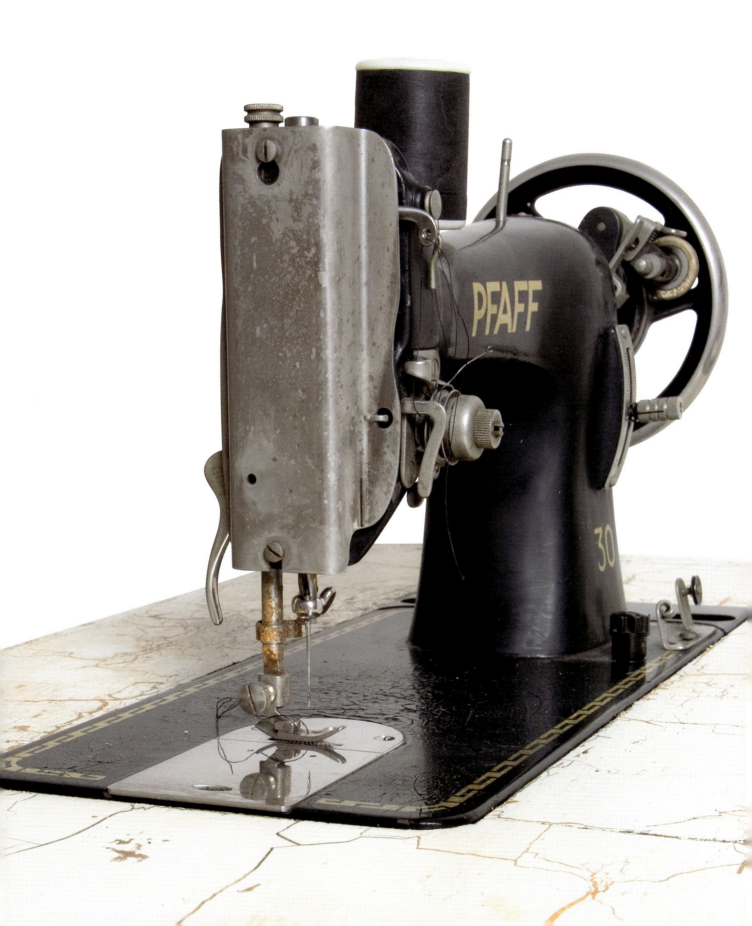

ARBEITSSCHRITTE

Mit dem **SCHLEIFPAPIER** wird die Tischplatte leicht angeschliffen, um eine gute Haftung zu erreichen. Die weiße **VORSTREICHFARBE AUF WASSERBASIS** wird mit dem **PINSEL** in Maserrichtung aufgestrichen. Bei einer Antikisierung reicht ein Anstrich, da ein durchschimmernder Untergrund erwünscht ist. Danach trocknen lassen.

Jetzt den **GRUNDLACK 1** auftragen. Da die Platte ja nicht zu sehr mit Rissen bedeckt sein soll, genügt es, den Lack nur locker über die Fläche zu verteilen.

Nach 50 bis 90 Minuten kann der **REISSLACK** aufgetragen werden. Auch hier sollte nicht zu dick und gleichmäßig gestrichen werden. Jetzt alles trocknen lassen, nach Wunsch mit dem **FÖHN** arbeiten.

Wie immer die **ÖLFARBE** gut auf der ganzen Fläche mit dem Finger oder **TUCH** verteilen und in die Risse reiben. Mit einem **WEICHEN TUCH** vorsichtig die überschüssige Farbe abreiben und zwei bis drei Tage durchtrocknen lassen.

Nach dem Trocknen die Platte mit **WARMEM WASSER** abwaschen, um die letzten Ölfarbspuren und den wasserhaltigen Reißlack zu beseitigen.

In diesem Falle werden nicht so viele dunkle Risse erscheinen, die dunkle Ölfarbe wird aber auch in die Poren und die Maserung des Holzes eingedrungen sein und zusammen mit dem elfenbeinfarben verfärbten Weiß eine reizende altertümliche Oberfläche ergeben. Zuletzt kann mit mattem **WASSERKLARLACK** versiegelt werden, was im Innenraum aber nicht unbedingt nötig ist. **Nun sieht das vormals so dunkle Tischchen viel freundlicher, aber dennoch antik aus.**

Tipp: Damit die Farbe oder der Lack nicht die Ritzen eines solchen Nähmaschinentisches verkleben, immer direkt nach dem Einstreichen mit einer Messerspitze die Ritzen nachfahren.

ESSTISCH
MIT VIELEN RISSEN

Nun ist es Zeit, an die Bearbeitung des größten Gegenstandes in diesem Buch zu gehen – ein alter Esstisch von 250 x 100 cm, dessen Tischplatte vor Jahren mit bläulichem fossilem Marmor bemalt worden war. Jetzt ist die Bemalung an vielen Stellen beschädigt und unansehnlich geworden. Hinzu kommt eine neue Wohnung, in die Blautöne nicht unbedingt hineinpassen. Eine Überarbeitung ist also unumgänglich.

Wie soll die Neugestaltung aussehen?
Meine Idee ist eine **elfenbeinfarbene Platte mit einem Netz von Krakelierrissen.**

MATERIAL

- Esstisch 250 x 100 cm
- Pinsel für Grundierweiß, Grund-/Reißlack, Ölfarbe, Klarlack
- Schleifklotz und Schleifpapier, Terpentinersatz
- Grundierweiß auf Wasserbasis
- Grundlack 1 und Reißlack 2
- Ochsengalle oder Spülmittel
- Künstlerölfarbe Umbra natur und lichter Ocker
- Lappen
- Eimer mit warmem Wasser, Gefäße
- Klarlack zur Endversiegelung

ARBEITSSCHRITTE

Die einzelnen Arbeitsschritte sind auch hier bekannt:
Die Tischplatte wird gründlich angeschliffen und mit **TERPENTINERSATZ** oder **SPÜLMITTEL** ordentlich gereinigt und entfettet, damit der als Esstisch dienende Tisch auch wirklich gut von allen Speiseresten befreit ist. Ansonsten kann es passieren, dass die Farbe nicht an allen Stellen haftet.

Mit einem **BREITEN PINSEL** wird der Untergrund mit der **VORSTREICHFARBE** grundiert. Dabei dem Maserungsverlauf des Holzes folgen. Weil ja der Eindruck erweckt werden soll, es handele sich hier um einen sehr alten Tisch, wird nur einmal weiß grundiert. So schimmern bläuliche Schatten des ursprünglichen Untergrundes durch und erwecken den Eindruck von mehr Transparenz und Tiefe. Es kann natürlich auch zwei- oder dreimal grundiert werden (mit Zwischenschliff). Danach sechs bis zehn Stunden trocknen lassen.

Den **GRUNDLACK 1** mit **OCHSENGALLE/SPÜLMITTEL** vermengen.

Der Grundlack wird gleichmäßig über die gesamte Fläche verstrichen. Die Grundlackschicht etwa 50 bis 90 Minuten antrocknen lassen, die Fläche ist genau richtig, wenn die Lackoberfläche nicht mehr feucht, aber noch nicht durchgetrocknet ist.

Tipp: Bei großen Flächen schütte ich den Lack direkt aus. So muss ich keinen Behälter verschmutzen.

Nun wird der **REISSLACK 2** mit dem **PINSEL** satt aufgetragen, hierbei wieder auf den Verlauf der Holzmaserung achten. Entweder in Ruhe abwarten, dass sich die Risse von allein bilden (über Nacht), oder mit dem **FÖHN** nachhelfen.

Wieder sind die Risse fast gar nicht zu erkennen. Deshalb werden sie mit **ÖLFARBE** sichtbar gemacht. Dazu werden dieses Mal zwei Farbtöne eingesetzt und kombiniert, damit das Netz der feinen Risse in seiner Farbigkeit nicht zu monoton wird. Bei großen Flächen sollte immer darauf geachtet werden. Die komplette Tischplatte mit den Ölfarben einreiben.

Nach etwa einer Stunde kann die überschüssige Farbe mit einem **TUCH** wieder abgewischt werden. Im Anschluss daran zwei bis drei Tage die Ölfarbe in den Rissen durchtrocknen lassen.

Nach dem Trocknen die wasserlösliche Reißlackschicht vorsichtig mit **WARMEM WASSER** abwaschen. Die Farbigkeit des Tisches wird immer heller, kann aber das ursprüngliche Weiß der Grundierung nicht erreichen. Es bleibt ein angenehmer, heller Elfenbeinton. Jetzt noch einmal über Nacht durchtrocknen lassen.

Abschließend sollten Sie mindestens drei- bis viermal **KLAR ÜBERLACKIEREN**, da eine Esstischplatte stark beansprucht wird und lange ihre neue Schönheit bewahren soll. Jede Lackschicht am besten über Nacht durchhärten lassen und vor dem erneuten Anstrich leicht fein anschleifen, um Staub und Pinselhaare zu entfernen. Den Schleifstaub feucht abwischen.

Nun wartet diese **wundervolle Festtafel** geradezu darauf, dass Gäste eingeladen werden und Gelegenheit haben, die ganze neue Pracht zu bewundern. Auf jeden Fall wird eine Frage immer wieder aufkommen: Wie hast du denn das gemacht? Sie kennen die Antwort …

Tipp: Sehr schön kann man Fliegenpünktchen auf einer Krakeleeoberfläche imitieren. Sie lassen das Objekt noch älter und natürlicher wirken. Dazu etwas Farbe oder Tinte auf Wasserbasis von einem härteren Pinsel oder einer ausgedienten Zahnbürste auf die Oberfläche spritzen. Nach zwei Minuten die Tintenpünktchen vorsichtig mit einem saugfähigen Tuch abtupfen, ohne sie zu verschmieren. Wenn leicht gesprenkelte Farbringe zurückbleiben, ist es richtig.

ROST & GRÜNSPAN
Einfach faszinierend

Rost kennen wir alle und Rost können wir gar nicht gebrauchen. Rost frisst Metall und Rost zerstört. Früher schwebte sogar unser größter Schatz, das Auto, in ständiger Gefahr, von Rost befallen und vernichtet zu werden! Nein, niemand will den Rost und ohne ihn wäre die Welt doch einfach besser. Glücklicherweise gibt es heutzutage genügend Mittel und Wege, Rost effektiv zu bekämpfen.

Dennoch, ich wage zu behaupten, Rost ist schön, Rost ist faszinierend, Rost ist dekorativ. Rost, die Farben der Vergänglichkeit ... Farbverläufe von dunklem Braun bis hin zu strahlendem Orange ... diese zart puderigen Oberflächen. **Bei Rost ist Vergänglichkeit sinnlich und schön.** Wir Künstler brauchen also den Rost – und auch seinen Bruder, den Grünspan.

Eng verwandt in seinem Drang nach Veränderung, ja, Verschönerung der Oberfläche, die den Einflüssen des Wetters und der Natur ausgesetzt sind, erscheint der Grünspan in allen Schattierungen, vom dunkelsten Blaugrün bis zum hellsten, mit weißem Puder bestäubten Türkis. Können wir uns eine antike Skulptur, ein venezianisches Palazzo ohne das geheimnisvolle Leuchten der Patina vorstellen? Das ist kaum möglich. Faszinierend, wie gerade mit der archaischen Farbigkeit dieser beiden Geschwister einfache Objekte, selbst aus Plastik und Styropor, verwandelt und aufgewertet werden können. Allerdings wären die echten chemischen Prozesse, Rost und Grünspan herzustellen, für unsere Zwecke viel zu aufwändig, langwierig und auch gesundheitsgefährdend. Wie schön und praktisch, dass der Künstlerbedarf heute Produkte anbietet, die tatsächlich in zwei Komponenten eine chemische Reaktion bewirken und echten Rost und Grünspan erzielen, aber einfach zu verarbeiten und bei Beachtung der üblichen Vorsichtsmaßnahmen kinderleicht zu handhaben sind.

In diesem Kapitel werde ich Ihnen anschaulich die wenigen Schritte zu wunderbaren Rost- und Grünspaneffekten vorstellen.

4

Wussten Sie schon?

Grünspan ist ein grüner Belag als Resultat natürlicher Korrosion auf Kupfer, Bronze und Messing. Der Farbton kann zwischen einem dunklen Blaugrün und einem leuchtenden, grünblauen Türkiston schwanken. Grünspan wird fälschlicherweise oft die grüne Schicht auf Kupfer genannt, richtig heißt diese aber Patina.

Patina (italienisch, eigentlich „Firnis") nennt man die im Allgemeinen durch Einwirkung von Chemikalien oder Bestandteile der Luft entstehende Schicht auf Metallen. Patina war ursprünglich nur der Oxidüberzug auf Bronze. Heute ist es die allgemeine Bezeichnung für Altersspuren. Die echte Patina ist ein natürlicher Vorgang, der abhängig von Umweltbedingungen verlangsamt oder beschleunigt abläuft. Künstliche Patina wird mit Ammoniumsalzen, Essigsäure, feuchtem Kohlendioxid oder Pflanzensäften erzeugt. Durch das Auftragen von Kupfersalzen wird bei imitierter Patina eine schöne Grünfärbung hervorgebracht.

ANLEITUNG ZUR ROST- & GRÜNSPANIMITATION

Es ist sehr einfach, Rost und Grünspan künstlich herzustellen, da der Fachhandel perfekt aufeinander abgestimmte Systeme anbietet, die durch chemische Reaktionen quasi echten Rost und Grünspan erzeugen.

Die Arbeitsschritte sind folgende:

HERSTELLUNG ROST

Zwei Produkte gehören zusammen: **EISENGRUNDIERUNG** und **OXIDATIONSMITTEL**. Der Untergrund wird sorgfältig grundiert. Zwei Schichten anthrazitfarbene Eisengrundierung werden im Abstand von zehn Minuten aufgetragen. Nach ca. fünf Stunden wird das **OXIDATIONSMITTEL** mit **PINSEL** oder **SCHWAMM** aufgetragen. Einige Stunden später ist der Gegenstand mit echtem Rost überzogen.

HERSTELLUNG GRÜNSPAN

Zwei Produkte gehören zusammen: **KUPFERGRUNDIERUNG** und **GRÜNE PATINA**. Zwei Schichten Kupfergrundierung werden im Abstand von zehn Minuten aufgetragen. Nach ca. fünf Stunden wird die **GRÜNE PATINA** mit **PINSEL** oder **SCHWAMM** aufgetragen. Einige Stunden später ist der Gegenstand mit Grünspan überzogen.

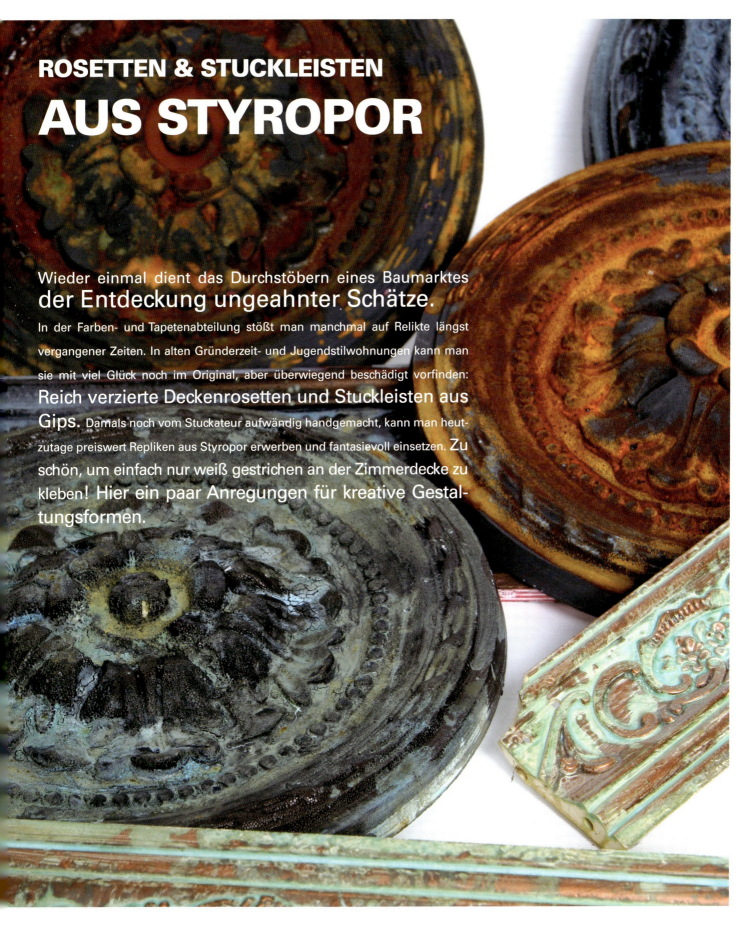

ROSETTEN & STUCKLEISTEN
AUS STYROPOR

Wieder einmal dient das Durchstöbern eines Baumarktes **der Entdeckung ungeahnter Schätze.** In der Farben- und Tapetenabteilung stößt man manchmal auf Relikte längst vergangener Zeiten. In alten Gründerzeit- und Jugendstilwohnungen kann man sie mit viel Glück noch im Original, aber überwiegend beschädigt vorfinden: **Reich verzierte Deckenrosetten und Stuckleisten aus Gips.** Damals noch vom Stuckateur aufwändig handgemacht, kann man heutzutage preiswert Repliken aus Styropor erwerben und fantasievoll einsetzen. Zu schön, um einfach nur weiß gestrichen an der Zimmerdecke zu kleben! Hier ein paar Anregungen für kreative Gestaltungsformen.

MATERIAL

- Styroporrosetten und Stuckleisten
- Pinsel für Grundierweiß, Acryl-/Dispersionsfarbe, Eisen-/Kupfergrundierung, Oxidationsmittel
- Grundierweiß/Grundierung
- Rote Acryl- oder Dispersionsfarbe
- Eisengrundierung oder Kupfergrundierung
- Rosteffekt (Oxidationsmittel) oder Grünspaneffekt (Oxidationsmittel)

ARBEITSSCHRITTE

Styropor hat eine typische Struktur. Soll tatsächlich der Eindruck erweckt werden, massive Metallgegenstände vor sich zu haben, muss sehr sorgfältig grundiert werden. Bei Objekten, die von weiter entfernt betrachtet werden, ist das nicht unbedingt nötig.

Die **ROSETTEN/STUCKLEISTEN** werden zunächst mit **GRUNDIERWEISS** eingestrichen. Nach dem Trocknen (etwa vier bis sechs Stunden) werden die Objekte mit der **ROTEN FARBE** noch einmal übergestrichen. Bei Objekten, die den Grünspaneffekt erhalten sollen, bietet sich natürlich auch eine grüne Farbe an. Experimentieren Sie einfach mal.

Gut durchtrocknen lassen (24 Stunden).

Für den Rosteffekt jetzt das Objekt mit der **ANTHRAZITFARBENEN EISENGRUNDIERUNG** einstreichen, bei Grünspan die **KUPFERGRUNDIERUNG** verwenden.

Eventuell ein zweites Mal Grundierung auftragen.

Wenn die Grundierung trocken ist, **OXIDATIONSMITTEL** für den Rost- bzw. Grünspaneffekt mit **PINSEL** locker auftragen. Man kann die Lösung auch tropfen, wischen oder verlaufen lassen.

Der Oxidationsprozess tritt umgehend ein. Nach einigen Stunden ist der Gegenstand mit echtem Rost oder echter Patina überzogen. Da das Oxidationsmittel in Vertiefungen länger Zeit hat zu wirken als an glatten, senkrechten Stellen, wird dort der Oxidationsprozess am stärksten eintreten. Hier wird die Farbigkeit von Rost oder Grünspan besonders intensiv sein. Entstanden ist eine **leicht puderige Struktur mit echtem Rost und echtem Grünspan.**

Es empfiehlt sich nur zu versiegeln, wenn es absolut nicht anders geht, da Schutzlack oder Fixativ die typische puderige Struktur farblich verändern!

Tipps: Experimentieren Sie ein wenig, um ein Gefühl für die chemischen Reaktionen zu erhalten.

Der Fachhandel bietet auch Gold- und Bronzegrundierungen oder speziell abgestimmte Reinigungs- und Grundiermittel an. Ich habe hier Kupfer- und Bronzegrundierung oder Rost- und Kupfergrundierung auch zusammen auf einem Objekt angewendet, da sich nach meiner Erfahrung die Mittel durchaus vertragen und so wunderbare lebendige Farbeffekte ergeben. Unbedingt ausprobieren! **Jedes Objekt ist ein Unikat,** selbst wenn es eigentlich völlig identisch bearbeitet worden ist. Einflussfaktoren sind hier die Menge der Chemikalien, die Raumtemperatur oder auch die Luftfeuchtigkeit. Gerade das macht den Reiz dieser Technik aus.

Während die Rosetten einfach nur schön sind und eben als Decken- oder Wandobjekt verwendet werden können, baue ich aus den bearbeiteten Stuckrahmen gern Bilder- oder Spiegelrahmen. Das ist eine preiswerte Methode, einen großen, aufwändig gemusterten Rahmen zu erhalten.

SPIEGEL
MIT STUCKRAHMEN

ARBEITSSCHRITTE

Die **SPIEGELSEITEN** werden ausgemessen und die **STYROPORLEISTE** wird auf Gehrung geschnitten oder gesägt. Bitte das Innenmaß nehmen.

Mit **SPEZIALKLEBER** zusammensetzen und -kleben. Sinnvoll ist es, auf der Rückseite mit **PAPPE** etc. die Klebestellen zu stabilisieren, da das Styropor schon etwas fragiler ist als massiveres Material. Den Kleber unbedingt lange genug durchtrocknen lassen.

Eventuelle Kleberrückstände nachretuschieren.
Der fertige Rahmen kann jetzt auf den Spiegel geklebt werden.
Auch hier ausprobieren, wie es am besten funktioniert.

Das Ergebnis sieht wunderbar echt und kostbar aus.
Erst beim genaueren Hinsehen wird erkennbar, dass wir hier mit dem federleichten Material Styropor gearbeitet haben – ein schöner Effekt.

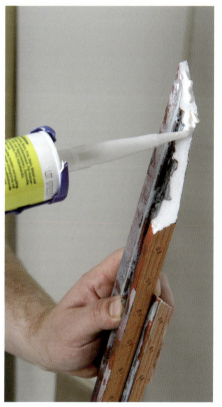

IST DAS NUN HOLZ ODER DOCH METALL?
SCHRÄNKCHEN IN ROST

Manchmal macht es einfach Freude, mit Schein und Wirklichkeit zu spielen –
das Auge täuschen, die Wahrnehmung verwirren, Sehgewohnheiten brechen.
Besonders interessant wird es, wenn etwas auf den ersten Blick Eindeutiges auf den zweiten Blick ganz anders ist als erwartet. Schließlich gibt es schon genug langweilige Möbel.

Unser ganz schlichtes Schränkchen aus Holz könnte doch einmal vortäuschen, aus rostigem Eisen zu sein. Das Farbenspiel des Rostes lässt es auf jeden Fall wunderbar aussehen. Dabei darf die Holzmaserung durchaus noch erkennbar sein, schließlich wollen wir ja irritieren und ein wenig befremden.

Achten Sie zum Vergleich einmal auf die Marmormalereien in alten Kirchen und Palästen, die ungleich spannender und ansprechender wirken, als der kostbarste echte Marmor es je sein kann.

MATERIAL
- Holzschränkchen
- Pinsel für Eisengrundierung, Oxidationsmittel
- Eisengrundierung und Oxidationsmittel Rosteffekt
- Schablone „Fleur de lis" aus Pappe oder Plastik (Fleur de lis nennt man das uralte Motiv einer stilisierten Lilie. Es ist ein französisches Königswappen.)
- Gelber Buntstift

ARBEITSSCHRITTE

Das **HOLZSCHRÄNKCHEN** mit der **EISENGRUNDIERUNG** einstreichen.

Wenn die Schicht oberflächentrocken ist, mit dem **OXIDATIONSMITTEL** locker einstreichen und beklecksen.

Am besten jede Fläche einzeln in der Waagerechten bearbeiten, damit die Lösung lange einwirken kann und nicht runterläuft.
Nach einigen Stunden ist das Schränkchen dann mit mehr oder weniger kräftigem Rost überzogen.

Die **SCHABLONE** mittig auf den Deckel des Schränkchens legen, mit dem **GELBEN FARBSTIFT** die Form des Motivs nachzeichnen und danach die Fläche um das Schablonenmotiv herum noch ein- oder zweimal mit der Eisengrundierung überstreichen.
Die Fläche wird nur noch verhalten rostig reagieren und das Lilienmuster wird sich stark rostig hervorheben.
Mit dem gelben Farbstift kann abschließend die Form noch einmal konturiert und plastisch betont werden.

Dieses Schränkchen mit seinem leicht morbiden Charme passt in vielerlei Ambiente. Vielleicht ist das Arbeitszimmer der geeignete Ort oder die etwas rustikalere Landhausküche.

Auch die Finca auf Mallorca oder das Loft am Central Park werden durch dieses kleine aber feine Objekt bereichert.

DECOUPAGE
Die Harmonie der „Schnipsel"

Können Sie sich erinnern, wir alle kennen die Technik der Decoupage eigentlich noch aus der Bastelstunde in Kindergarten oder Schule, aber haben niemals darüber nachgedacht, dass es sich hier nicht nur um ein Kinderspiel, sondern um ernsthafte kreative Beschäftigung handelt. Überhaupt ist das eine oder andere, was von der Bastelstunde in Erinnerung geblieben ist, durchaus wert, einmal kreativ eingesetzt zu werden. Ich denke nur daran, was z. B. mit dem guten alten Kartoffeldruck an schönen Dingen geschaffen werden kann. Aber das ist ein anderes Thema …

Die alte Kunst der Decoupage sieht eindrucksvoller und schwieriger aus, als sie in Wirklichkeit ist.

Decoupage (von decouper = ausschneiden) ist eine Dekorationstechnik, bei der Gegenstände und auch Wände mit Papierausschnitten beklebt und verziert werden. Die „Kunst des kleinen Mannes" nannte man diese reizvolle Technik, mit einfachsten Mitteln Wertvolles nachzuahmen, zuerst. Ab dem 18. Jahrhundert entwickelte sich aus der ursprünglichen „Handarbeit" für höhere Töchter eine durchaus eigenständige Kunstform. Mitte des 19. Jahrhunderts überschwemmten in Massen hergestellte sogenannte „viktorianische Ausschneidebögen" die gutbürgerlichen Haushalte und wurden zu einem nicht mehr allzu anspruchsvollen Massenvergnügen. Im 20. Jahrhundert ebbte die Begeisterung am Decoupieren allmählich ab. Heute hat das Interesse an dieser schönen kreativen Beschäftigung, auch dank der Fotokopie und der vereinfachten digitalen Bildbearbeitung, wieder stark zugenommen.

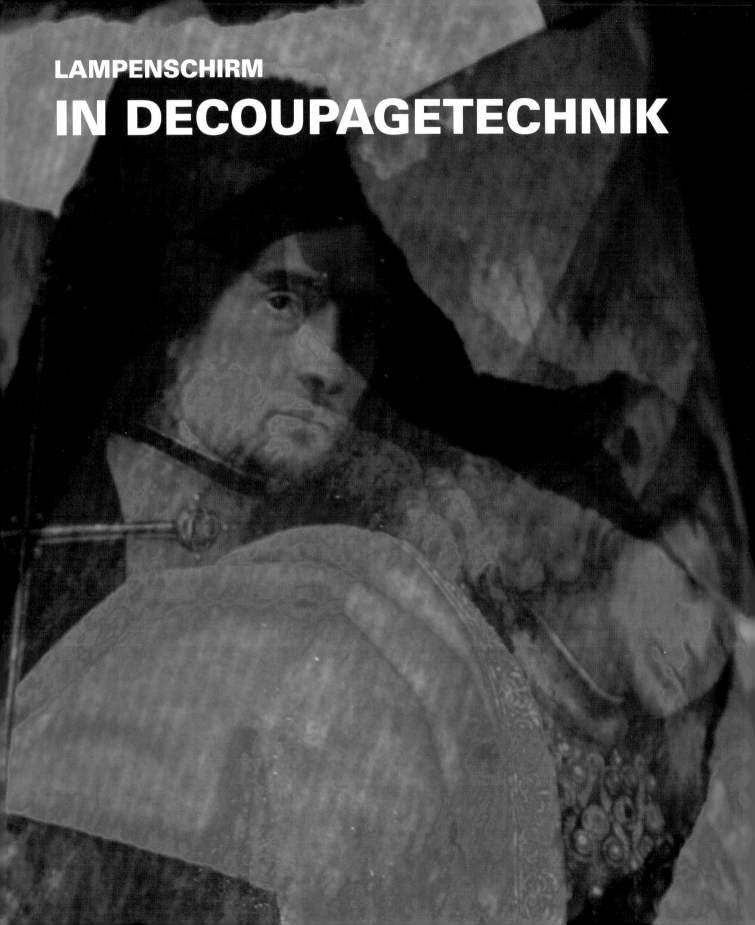

LAMPENSCHIRM
IN DECOUPAGETECHNIK

Als Einführung in diese schöne Kunst werden wir einen einfachen Lampenschirm aus Pergament mit einer Collage aus zerrissenem Geschenkpapier bekleben und so ein interessantes Unikat schaffen.

MATERIAL

- Lampenschirm aus Pergament
- Pinsel für Leim
- Geschenkpapier
- Leim
- Gefäße

ARBEITSSCHRITTE

Der **LEIM** wird nach Packungsanleitung mit Wasser verdünnt, um dann mit dem **PINSEL** auf dem **LAMPENSCHIRM** verteilt zu werden.

Das **PAPIER** in unregelmäßige Streifen und Stücke reißen und dann beliebig auf den noch leimfeuchten Lampenschirm aufkleben. Den Pinsel mit Leim immer noch einmal über die geklebten Fetzen streichen und glätten. Das Papier sollte ziemlich durchfeuchtet sein.

Nach und nach die komplette Fläche bekleben. Der pergamentfarbene Untergrund kann ruhig an einigen Stellen sichtbar bleiben.

Nach dem vollständigen Durchtrocknen kann der Lampenschirm mit **KLARLACK** versiegelt werden und ist nun ein schönes repräsentatives Lichtobjekt geworden.

Als Übung für weitere Arbeiten, auch in Verbindung mit den anderen Gestaltungstechniken, war dieser Lampenschirm genau das Richtige.

PARAVENT
IM BUNTEN KLEID

Der Paravent, auch Spanische Wand genannt, diente ursprünglich ausschließlich dem Zweck, sich in seinem Schutz sittsam entkleiden zu können. In manchen Filmen und Theaterstücken, wie etwa „Irma la Douce", wurde der Paravent gerne auch als frivoles und ein wenig anrüchiges Accessoire sehr malerisch in Szene gesetzt.

Auch ein Besuch beim Arzt kann uns noch an diese Sitte erinnern, die in Zeiten räumlicher Enge und fehlender Privatsphäre früher durchaus ihre Berechtigung hatte.

Heute ist der Paravent eigentlich kein notwendiges Möbelstück mehr, wird aber immer häufiger wegen seiner **dekorativen Erscheinung als repräsentativer Einrichtungsgegenstand** z. B. als Raumteiler eingesetzt. Dabei sind Paravents im „Erwachsenenformat" ein normaler Anblick. Sehr witzig ist die Idee, alles eine Nummer kleiner zu machen.

Ein kunterbunter Paravent von maximal einem Meter Höhe findet überall seinen Platz, lässt sich fast an jedem Platz sinnvoll einsetzen und sieht einfach entzückend aus.

MATERIAL

- drei MDF-Platten, Format je 100 x 40 cm, 1cm stark
- Pinsel für Grundierweiß
- Unterteller/Tasse als Schablone
- Stift, Stichsäge, Schleifpapier
- Grundierweiß
- Sprühkleber
- Buntes Papier
- Weiches Tuch
- Bastel- bzw. Nagelschere, Cutter, Lineal
- Scharniere, Gefäß

ARBEITSSCHRITTE

Im Baumarkt oder der Schreinerei drei **MDF-PLATTEN** zuschneiden lassen.

Eine **TASSE** als Schablone benutzen, die Tasse auf die Ecken der Platte setzen, mit einem **STIFT** den Bogen nachzeichnen, dann den Halbkreis mit einer **STICHSÄGE** sauber aussägen. So verfahren wir mit allen drei Platten.

Die Kanten schleifen und danach mit der **GRUNDIERFARBE** alle Holzteile sorgfältig streichen. Dieser Arbeitsschritt ist wichtig, damit der Sprühkleber genug Klebekraft entwickeln kann und nicht von der stark saugenden MDF-Oberfläche absorbiert wird. Für die Grundierung kann selbstverständlich auch Klarlack benutzt werden.

Sprühkleber verwenden wir, da andere Klebstoffe das Papier durchweichen und es wellig auftrocknen lassen können. Wenn Sie ausschließlich Tapetenstücke zum Bekleben verwenden, ist Tapetenkleister natürlich der am besten geeignete Klebstoff. Auf jeden Fall immer vorher einen Test durchführen.

Immer eine MDF-Platte satt mit dem **SPRÜHKLEBER** einsprühen (am besten im Freien).

Nun die einzelnen **PAPIERSTREIFEN** auflegen und vorsichtig mit einem **WEICHEN TUCH** anreiben (Achtung, manche Papiere sind nicht wischfest und können verschmieren).

Zum Schluss werden überstehende Papierkanten mit einem **CUTTER** entfernt.
Achten Sie darauf, dass alles gut geglättet ist und fest klebt. Eventuell noch einmal nachkleben.

Jetzt schneiden Sie aus weiteren **BUNTEN PAPIEREN** Kreise in unterschiedlichen Größen aus. Nehmen Sie wieder Tassen und Teller als Schablonen. Verteilen Sie die Punkte auf den Flächen und kleben sie diese fest.

Wenn alles richtig trocken ist, bearbeiten Sie die Rückseiten in gleicher Art und Weise. Achten Sie unbedingt darauf, dass das Gesamtbild nicht überladen ist und die Farben harmonieren, da sonst ein zu wirrer Eindruck entstehen kann.

Wenn Sie mit Ihrer Komposition zufrieden sind, fügen Sie die drei Paraventteile zusammen. Dazu alles mit **KLEINEN SCHARNIEREN** zusammenschrauben.
So erhalten Sie einen dreiflügligen, witzigen Paravent, der in seiner Farbigkeit und Größe wunderbar in ein Kinderzimmer hineinpasst. Jetzt kann die Spielecke auch einmal unaufgeräumt bleiben oder der Lieblingsplatz vor neugierigen Blicken geschützt werden.

Überhaupt sind der Fantasie keine Grenzen gesetzt: Warum nicht mal einen Hunde- oder Katzenparavent gestalten? Kleben Sie dazu anstatt der bunten Kreise einfach ausgeschnittene Tiermotive, die Sie auf einem Kopierer vervielfältigt haben, auf die Flächen. So können das Hundekörbchen oder die Katzentoilette sehr dekorativ abgeschirmt werden.

Lassen Sie Ihre Fantasie spielen und realisieren Sie Ihre Ideen, so verrückt diese im ersten Moment vielleicht scheinen.

Tipp: Geeignet ist fast jedes nicht zu dünne Papier. Im Baumarkt und Tapetenhandel erhält man Musterstücke und Tapetenreste, mit denen man gut arbeiten kann. Auch Druckereien geben durchaus Papierreste ab. Gerade über das Internet lassen sich die vielfältigsten Muster und Proben kostenlos anfordern.

Gehen Sie einfach mal auf Entdeckungsreise!

BEINAHE WIE IM MÄRCHEN
EINE VERZAUBERTE GÄSTETOILETTE

Gästetoiletten werden im Gegensatz zu anderen Räumen gestalterisch eher stiefmütterlich behandelt. Sie dienen einzig und allein den Bedürfnissen eines eventuellen Gastes und werden häufig nicht so liebevoll eingerichtet und ausgestattet wie das Badezimmer als Hort der eigenen Körperpflege und des Wohlfühlens.

Aufgrund der meist beengten Platzverhältnisse ist einfach kein Raum für die Ausschmückung mit schönen und dekorativen Elementen.

Dabei bedarf es nur eines kleinen gestalterischen Eingriffes, um selbst auf beengtem, zweckmäßigem Raum den Eindruck märchenhaften Luxus zu schaffen.

Stil zeigt sich gerade in den kleinen Dingen.

Wieder kommen Tapeten zum Einsatz, die erneut eher atypisch verarbeitet werden. So wird auch der Ungeübte keine Bedenken haben, ein größeres Objekt in Angriff zu nehmen.

MATERIAL
- Eine Rolle Tapete
- großer Pinsel (Quast) und kleiner Pinsel für Kleister
- Tapetenkleister, Eimer, evtl. Tapezierwerkzeug wie Bürste und Rolle
- Pappe für Schablone
- Schere, Cutter, Bleistift, Zollstock oder Maßband, Lineal
- Dekoratives Papier, z. B. handgeschöpftes Papier aus Asien oder Geschenkpapier
- Weicher Lappen

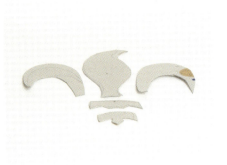

ARBEITSSCHRITTE

Den **TAPETENKLEISTER** nach Packungsanweisung anrühren.

Während dieser ruht, zeichnen Sie auf die **PAPPE** eine einfache Lilienform, etwa 20 cm hoch. Danach die einzelnen Teile mit der **SCHERE** oder einem **CUTTER** ausschneiden.

Die Schablonenteile im nächsten Schritt auf das **DEKORATIVE PAPIER** auflegen, um die Formen mit einem **BLEISTIFT** nachzuzeichnen. Jetzt können die Formen mit der Schere oder dem Cutter sorgfältig ausgeschnitten werden.

Tipp: Zeichnen sie immer auf der Rückseite des Papiers vor. So vermeiden Sie unschöne Vorzeichnungsreste, falls Sie nicht absolut genau ausschneiden. Wenn Sie einen Filzstift zum Vorzeichnen benutzen, kann es bei sehr dünnem Papier vorkommen, dass die Zeichnung durchschlägt. Dann ganz besonders gut ausschneiden.

Den Kleister noch einmal gut umrühren, dann ist er gebrauchsfertig.

Nun messen wir einzelne **TAPETENBAHNEN** ab und schneiden sie mit **LINEAL** und Cutter gerade ab. Die Länge der einzelnen Bahnen richtet sich nach der Höhe des Raumes und den baulichen Gegebenheiten.

Die Bahnen mit Kleister gut einstreichen, falten und einweichen lassen.

Die Tapetenbahnen können Sie jetzt im lockeren Muster an den Wänden des Raumes aufkleben, bitte wie vom Tapezieren gewohnt mit **BÜRSTE** und **ROLLE** bzw. dem **WEICHEN TUCH** andrücken und glätten. Dabei darauf achten, dass überschüssiger Kleister sorgfältig weggewischt wird.

Trocknen lassen.

Jetzt die Lilienformen über der Tapete und an den freien Wandflächen anbringen.

Dazu müssen die Rückseiten der einzelnen Teile ausreichend mithilfe eines **KLEINEN PINSELS** mit Kleister eingestrichen werden.

Achtung: Manche Papiere sind nicht farbecht und färben durch nassen Kleber ab!
In diesem Fall ganz besonders vorsichtig andrücken und glätten. Ein Korrigieren und Richten nach Möglichkeit vermeiden, da die gelöste Farbe auf der Wand zurückbleiben kann. Wenn ein Malheur passiert ist, kann nach dem Trocknen mit Wandfarbe vorsichtig ausgebessert werden.

Achten Sie auf ein harmonisches Bild – nicht zu dicht, aber auch nicht zu sparsam kleben. Setzen sie auch nicht zu viele, unterschiedliche Farben und Muster ein, es darf zwar lebhaft und farbenfroh wirken, soll aber nicht wirr und chaotisch werden.

Das Ergebnis überzeugt, aus dem unscheinbaren Zweckraum ist mit wenigen Mitteln und im Handumdrehen ein **dekoratives Kleinod** entstanden. Auch hier können wieder Tapeten- und Papierreste eingesetzt werden, sodass die Materialkosten gering bleiben.

Guter Geschmack muss eben nicht teuer sein und gute Ideen sind nicht schwer umzusetzen.

MISCHFORMEN
Die Lust am Ausprobieren

Sie haben in den letzten Kapiteln vier ziemlich unterschiedliche Gestaltungstechniken kennen gelernt, die Ihnen unendlich viele Möglichkeiten eröffnen, Ihr kreatives Potenzial auszuschöpfen. Jetzt können Sie sehenden und wissenden Auges durch die Welt gehen und immer neue Entfaltungsmöglichkeiten für Ihre sicherlich ausgefallenen Verschönerungsideen finden. Oder sind Sie ganz gespannt auf noch mehr Anregungen?

Damit soll dieses Kapitel dienen:

Wie wäre es, die **Gestaltungstechniken miteinander zu kombinieren?** So wird das Spektrum für Ihre Kreativität unendlich erweitert und Sie werden viel Freude an Ihrem künstlerischen Schaffen haben. Lassen Sie uns sehen, wie wir z. B. die neu erworbenen Kenntnisse in Rost und Grünspan in Verbindung mit Schlagmetall einsetzen können. Dabei könnten spannende Ergebnisse herauskommen!

STYROPORREGALSTÜTZEN
IN GRÜNSPAN AUF GOLD

Es bietet sich einfach an, Vergoldung und Patinierung miteinander zu kombinieren. So ergeben sich die tollsten und natürlichsten Effekte – Ihrem Einfallsreichtum sind hier keine Grenzen gesetzt.

Die preiswerten Styroporkonsolen aus dem Baumarkt drängen sich als Stützen für ein kleines Glasregal geradezu auf. In diesem Fall soll es vor der weiteren Bearbeitung mit Grünspan mit Schlagmetall Gold belegt werden. So erhalten wir ein Gebrauchsobjekt, das direkt aus einem **verwunschenen Märchenschloss** zu stammen scheint.

MATERIAL

- Styroporkonsolen aus dem Baumarkt, Glasplatte
- Pinsel für Grundierweiß, Schnellanlegemixtion, Schlagmetall, Kupfergrundierung, Oxidationsmittel
- Grundierweiß
- Schnellanlegemixtion
- Schlagmetall dunkelgold-rötlich
- Kupfergrundierung
- Grünspaneffekt (Oxidationsmittel)

ARBEITSSCHRITTE

Um die Styroporstruktur zu überdecken, diese gründlich **GRUNDIEREN** und trocknen lassen.

Danach den **KLEBER** auftragen und klar auftrocknen lassen.

Das **SCHLAGGOLD** auflegen und in die Vertiefungen verteilen. Danach alle losen Partikel so gut wie möglich mit dem **PINSEL** abbürsten.

Jetzt die **KUPFERGRUNDIERUNG** mit dem Pinsel auftragen, aber nicht die ganze vergoldete Fläche zustreichen, da noch genügend goldene Stellen sichtbar bleiben sollen.

Nach der Trocknung die **GRÜNE PATINA** auftragen. An den senkrechten Stellen mehrmals behandeln, damit die herablaufende Lösung länger einwirken kann.

Mehrere Stunden oder über Nacht wirken lassen. Wie immer wird in den Vertiefungen der Grünspan besonders intensiv auftreten.

Mit einer passenden Glasplatte belegt, hat man nun ein viel bewundertes kleines Wandregal.

Tipp: Sie können hier natürlich alle Schlagmetallsorten einsetzen und auch Rost benutzen. Sie werden immer ein beachtenswertes und bezauberndes Ergebnis erhalten.

VIERGETEILTES KUNSTWERK:
„ABSTRAKTE KOMPOSITION"

Es ist tatsächlich nicht kompliziert, die erlernten Techniken zu verbinden. Ganz im Gegenteil, es bieten sich einfach unendlich viele neue Möglichkeiten an. Haben Sie sich schon einmal darin versucht, ein **eigenes kleines Kunstwerk** zu schaffen?

Sie können nicht malen, ist vielleicht Ihre Antwort. Das mag sein, Sie können aber auf jeden Fall einmal versuchen, mit den Mitteln der Patinierung, die ich Ihnen bis jetzt schon vorgestellt habe, zur Abwechslung einmal keinen Gegenstand, sondern eine leere Fläche oder eine Leinwand zu bearbeiten. Wer weiß, vielleicht kommt am Ende ja doch noch ein eigenes Kunstwerk dabei heraus.

MATERIAL

- Leinwände je 40 x 40 cm
- Pinsel für Eisen-/Kupfergrundierung, Oxidationsmittel, Acryl-/Dispersionsfarbe
- Spachtelmasse, Strukturpaste, Grobsand
- Spachtel und Gefäße
- Eisen- und Kupfergrundierung
- Rosteffekt und Grünspaneffekt (Oxidationsmittel)
- Acryl- oder Dispersionsfarben nach Wahl

ARBEITSSCHRITTE

Legen Sie die vier LEINWÄNDE dicht zusammen und ziehen Sie mit dem SPACHTEL die gebrauchsfertige SPACHTELMASSE über alle vier Leinwände. Sie können hier ganz zufällig arbeiten, aber natürlich auch eigene Schwünge und Formen kreieren.

Die Spachtelmasse gut durchtrocknen lassen, je nach Schichtdicke bis zu 24 Stunden.

Entscheiden Sie, welches der Hauptton werden soll: ROST oder GRÜNSPAN. Mit dem PINSEL die EISEN- oder, wenn Hauptton, KUPFERGRUNDIERUNG locker verteilen.

Mit der untergeordneten ZWEITEN GRUNDIERUNG noch einmal locker besprenkeln und Akzente setzen.
Trocknen lassen.

Mit beiden OXIDATIONSMITTELN bestreichen und besprenkeln, hierbei können Grünspan- und Rosteffektlösungen ruhig vermischt werden. Der Effekt tritt unmittelbar ein und ist über Nacht abgeschlossen.

Jetzt noch mit den bereitgestellten ACRYL- oder DISPERSIONSFARBEN besprenkeln oder diese direkt auf die Leinwand schütten. Dabei die Farbe auch mit WASSER verdünnen, um mehr Nuancen zu erhalten.
Durchtrocknen lassen.

Wie ist das Ergebnis? Ist es ein Kunstwerk geworden?
Auf jeden Fall ist es ein **wunderbares Dekorationsobjekt.**

Wieder einmal der Hinweis: Experimentieren Sie unbedingt!

Tipps: Sie können auch unterschiedliche Leinwände einsetzen, grundierte und ungrundierte, feine und grobe. Dadurch wird sich das Ergebnis Ihrer Arbeit auf interessante Art verändern. Probieren Sie es aus!
Es gibt sehr viele unterschiedlich feine und grobe Fertigspachtelmassen im Künstlerbedarfhandel. Finden Sie heraus, welche Oberfläche Ihnen am besten gefällt. Der Fachhandel bietet auch Zutaten zu eigenen Spachtelkreationen.
Als Farben sind am besten Erdfarbtöne und Komplementärfarben, in diesem Fall Rot zu dem Grün der Patina, geeignet.

GLÜCKSBRINGENDE BILDER
NACH FENG-SHUI

Kennen Sie sich mit dem chinesischen Feng-Shui aus?

Sicherlich haben Sie schon von dieser uralten asiatischen Wissenschaft gehört, die sich mit dem **Einfluss von Umwelt, Einrichtung und Gestaltung auf unser Leben und unser Wohlbefinden** auseinandersetzt. Feng-Shui-Berater werden auch in den USA und Europa immer häufiger zu Rate gezogen, wenn es um **Harmonie und Stil in Leben und Arbeit** geht. Seien Sie unbesorgt, Sie müssen kein ausgewiesener Feng-Shui-Experte sein, um das fernöstliche Wissen in bezaubernder Art und Weise umsetzen zu können. Es ist höchst interessant, sich mit diesem Thema einmal näher zu beschäftigen. Mittlerweile findet sich genügend Literatur dazu in jeder Buchhandlung oder Bücherei. Feng-Shui kann sicherlich auch unsere von westlicher Kultur geprägte Sichtweise und unser Denken bereichern.

Ein schönes Symbol, das wir zu unserem Wohlbefinden einsetzen können und das dazu noch sehr dekorativ aussieht, ist die goldene Acht.

Die Acht, im Chinesischen nicht als Zahl zu verstehen, sondern als **Zeichen für Unendlichkeit,** gilt als Glückssymbol. In Verbindung mit der Farbe Gold verheißt sie **Reichtum und ein langes Leben.** Was liegt also näher, als ein wunderbar repräsentatives Bild zu erschaffen, das im besten Fall Glück und Reichtum verspricht, ganz sicher aber den Raum schmücken wird?

Ich gestalte hier zwei chinesische Glücksbilder gleichzeitig, auf heller und dunkler Leinwand, in Rost und in Grünspan, um Ihnen den individuellen Reiz und den Unterschied in der Farbigkeit aufzeigen zu können. Die Vorgehensweise ist bei beiden dieselbe.

MATERIAL

- Zwei Leinwände je 70 x 50 cm, hell grundiert und dunkel ungrundiert
- Pinsel für Eisen-/Kupfergrundierung, Oxidationsmittel, Schnellanlegemixtion, Schlagmetall
- Spachtelmasse, Strukturpaste, Grobsand
- Spachtel und Gefäße
- Eisen- und Kupfergrundierung
- Rosteffekt und Grünspaneffekt (Oxidationsmittel)
- Schnellanlegemixtion
- Schlagmetall mittelgold-gelblich
- Fixativ

ARBEITSSCHRITTE

Die **SPACHTELMASSE** mit dem **SPACHTEL** locker als große Acht über das ganze Format der **LEINWAND** „malen". Dabei kann die Form der Acht ruhig ausgefranst sein. Über Nacht durchtrocknen lassen, je nach Schichtdicke.

Mit der **EISEN-** bzw. der **KUPFERGRUNDIERUNG** großzügig die Acht und die gesamte Fläche einstreichen; durchaus auch schütten, tupfen, sprenkeln. Dazu eventuell die Grundierung etwas mit **WASSER** verdünnen, um eine bessere Fließfähigkeit zu erlangen.

Jeweils von der **ANDEREN GRUNDIERUNG** etwas auf der Leinwand verteilen, um eine interessantere Farbigkeit zu erhalten (wie gesehen lassen sich die unterschiedlichen Patinierungen durchaus harmonisch gemeinsam einsetzen). Drei bis vier Stunden trocknen lassen.

Mit der **ROSTEFFEKT-** bzw. **GRÜNSPANEFFEKTLÖSUNG** bestreichen, besprenkeln, betupfen usw. Sie können auch die Leinwand in die Hände nehmen, bewegen und Flüssigkeiten kontrolliert fließen lassen. Dabei auch an die andere Patinierung denken. Über Nacht trocknen und wirken lassen.

Es werden jetzt rostige oder grünspanige Achten entstanden sein. Nun die gespachtelte Acht mit **SCHNELLANLEGEMIXTION** grob einstreichen. Es sollte nicht alles hundertprozentig mit Kleber bedeckt sein, da die Acht später durchaus zerrissen und gebrochen wirken soll.

Wenn der milchige Kleber überall klar aufgetrocknet ist, alle klebrigen Flächen mit **SCHLAGMETALL** belegen und relativ locker mit dem **TROCKENEN PINSEL** abbürsten. Auf der groben Struktur können ruhig Goldflocken lose hängen bleiben.

Zum Schluss das Schlaggold mit dem **FIXATIV** einsprühen.

Jetzt haben Sie ein kleines Kunstwerk geschaffen, das mit seiner einfachen Form die Unendlichkeit und alle Geheimnisse des Fernen Ostens festzuhalten scheint.

VERGOLDETE ZINKVASE MIT PATINIERUNG & TAPETENBORDÜRE

Haben Sie noch die vergoldete Vase aus Zink vor Augen? Sicherlich, sie sieht so, wie wir sie bearbeitet haben, schon recht gut aus und bedarf nicht unbedingt noch einer Verbesserung. Aber wir wollen ja hier noch mehr Möglichkeiten aufzeigen, was in der Patinierungskunst alles machbar ist. Deshalb werden wir diese vergoldete Vase doch noch weiter gestalten und verändern. Solch eine vergoldete Fläche lässt sich wunderbar mit Farbe auf alt bearbeiten. Das glänzende Gold wird durch die Farbe schön gebrochen und wirkt derart mattiert wunderbar antik.

MATERIAL

- Vergoldete Vase
- Rundpinsel für Dispersionsfarben
- Dispersionsfarben in Erdtönen, Weiß und Rostrot
- Schwamm
- Gefäß, hier nehme ich eine Schale, die beim Lackieren eingesetzt wird

ARBEITSSCHRITTE

In die **FARBWANNE** von allen Farbtönen der **DISPERSIONSFARBE** jeweils einen Klecks hineinschütten. Mit dem **RUNDPINSEL** locker die verschiedenen Farben nass in nass übereinander tupfen und ein nicht zu unruhiges Bild gestalten. Die einzelnen Farbtupfer sollen zum Schluss nicht mehr allzu klar hervorstechen.

Schön ist es, wenn nicht alles komplett mit Farbe überdeckt ist, sondern der glänzende Goldungergrund an einigen Stellen hervorblitzen kann.

Es muss nicht versiegelt werden, da die Dispersionsfarben wasserfest sind und der matte Charakter ja gerade das Alte vorspiegeln soll. Das Objekt sieht nun sehr interessant aus und kann z. B. mit Blumen bepflanzt werden.

Doch der Zufall bringt manchmal neue Ideen: Beim Renovieren einer Wohnung ließen sich **TAPETENBORDÜREN** mit Efeumotiv ganz einfach von der Wand abziehen. Sofort kam die Idee auf, mit der unbeschädigten Bordüre die Vase noch interessanter zu gestalten.

Das geht so: Da der Vasenkörper sich von oben nach unten verjüngt, empfiehlt es sich, die Bordüre nicht im Ganzen um den Körper zu kleben. Besser ist es, kürzere Stücke zu verwenden. Diese können mit ein bisschen Geschick so aneinander gesetzt werden, dass das Bildmotiv fast übergangslos die Vase umschließt.

Streichen Sie die Bordüre gut mit **LEIM** ein. Dann wird Stück um Stück die Bordüre angelegt und mit einem **LEIMFEUCHTEN PINSEL** gut angedrückt. Beim Verbinden der einzelnen Motivfragmente so genau wie möglich das Muster verbinden. Beim weiteren Bearbeiten mit Farbe verschwinden etwaige Unregelmäßigkeiten ganz von selbst.

Nach dem Trocknen der Bordüre wird mit einem **SCHWAMM**, am besten eignet sich ein Naturschwamm, noch einmal lose etwas Farbe über Vasenkörper und Bordüre gestupst. So lässt sich überraschend gut das aufgesetzte Schmuckband in das Gesamtbild einbinden.

Wenn die bearbeitete Zinkvase im Freien stehen soll, wird sie jetzt besser **KLAR LACKIERT**, um das verwendete Papier zu schützen.

Nun ist die alte Vase perfekt.

Tipp: Auch mit Plastikblumentöpfen lassen sich durch die Kombination der in diesem Buch vorgestellten Techniken ganz fantastische Deko-Objekte zaubern, die echten Terrakotta-Übertöpfen bezüglich ihrer Optik in nichts nachstehen und darüber hinaus eine ganz individuelle Note besitzen.

POP-ART-BILD

Ganz modern sind heutzutage fertig auf Keilrahmen aufgespannte Dekobilder. Ein Nagel genügt, und der Wandschmuck ist fertig. Doch wie bei allen leicht zu erstehenden schönen Dingen ist es so, dass sehr viele Menschen diese eben auch erwerben und der **Charakter der Einzigartigkeit** verloren geht. Mit Fantasie und Geschick gelingt es aber wieder einmal, ein ganz und gar ungewöhnliches Kunstwerk zu schaffen, das in dieser Form sicher niemand sonst auf der Welt besitzen wird.

MATERIAL

- Ein vorgefertigtes Bild, in diesem Fall mit barockem Muster
- Eine Plastiktasche mit Blumenmotiv im Stil der 70er-Jahre
- Pinsel für Kleber, Grundierweiß, Schnellanlegemixtion, Schlagaluminium
- Kleber
- Grundierweiß
- Schnellanlegemixtion
- Schlagaluminium Silber
- Schere, Gefäß

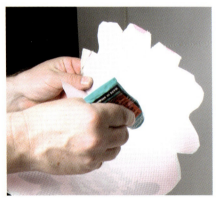

ARBEITSSCHRITTE

Das sehr kräftige schwarze **TAPETENMUSTER** wird erst einmal mit dem **GRUNDIERWEISS** locker überpinselt, um die Dominanz des Musters etwas zu brechen. Die Fläche sollte nicht völlig mit dem Weiß überdeckt sein, sondern einen milchiggrau verschleierten Eindruck vermitteln. Während die Farbe trocknet, wird mit der **SCHERE** das 70er-Jahre-Motiv aus der **PLASTIKTASCHE** ausgeschnitten.

Das Motiv auf der Rückseite mit geeignetem **KLEBSTOFF** bestreichen, ausrichten und auf dem Bild festdrücken und festkleben.

Nach dem Durchtrocknen des Klebers wird, fast wie ein Schatten, die **SCHNELLANLEGEMIXTION** um das Blumenmotiv herum mit dem **PINSEL** aufgetragen. Die Anlegemilch ist gebrauchsfertig, wenn sie klar aufgetrocknet ist.

Jetzt das **BLATTSILBER** auf die klebenden Flächen legen und mit dem **PINSEL** andrücken. Sorgfältig abbürsten.

Durch die erhabene Struktur des Musters erscheint auch das silberne Schlagmetall wie geprägt. Je nach Lichteinfall wird nun dieses einzigartige Wandobjekt wirken, als würde ein **Strom von flüssigem Silber** das Blumenmuster umschmeicheln. Das Bild ist geschaffen worden aus Elementen, die im ersten Moment nicht zusammenzupassen scheinen. Doch das Ergebnis zeigt, dass diese Unterschiedlichkeit im Ganzen durchaus harmoniert.

BAMBUSTELLER IN DECOUPAGETECHNIK & REISSLACK

Einen weiteren Vorschlag für die Gestaltung eines dekorativen Bambustellers will ich hier präsentieren. Die schöne Form dieser Teller bietet sich einfach an, immer neue Ideen für immer andere Gestaltungsmöglichkeiten zu erfinden und in die Tat umzusetzen. Ich bin sicher, schon während der Arbeit werden Ihnen weitere Möglichkeiten für neue Kunstobjekte einfallen. Mit Elan geht es dann an das nächste Werk. Ihre Freunde und Familie warten schon auf ihr ganz persönliches Geschenk.

MATERIAL

- Bambusteller
- Pinsel für Kleber, Grund-/Reißlack, Ölfarbe, Klarlack
- Schön gemustertes Geschenkpapier
- Flüssiger Kleber
- Grundlack 1 und Reißlack 2
- Ölfarbe Umbra natur
- Lappen, Eimer mit warmem Wasser
- Cutter
- Klarlack auf Wasserbasis
- Gefäße

ARBEITSSCHRITTE

Den **BAMBUSTELLER** ganz mit dem **WASSERVERDÜNNTEN KLEBER** einstreichen. Das **GESCHENKPAPIER** in kleine Fetzen reißen und in den feuchten Kleber überlappend hineinkleben. Dabei darauf achten, dass auch alle Stellen auf dem Papier mit Leim bedeckt sind. Mit dem **NASSEN PINSEL** andrücken und danach trocknen lassen.

Nach dem Trocknen eventuell noch lose Ecken mit Leim bestreichen und festdrücken.
Die überstehenden Papierränder mit einem **CUTTER** sauber abschneiden.

Den **GRUNDLACK 1** auftragen und fast ganz auftrocknen lassen.

Den **REISSLACK 2** zügig über den Grundlack verstreichen und trocknen lassen, bis die Rissbildung vollständig abgeschlossen ist. Dabei durchaus mit dem **FÖHN** nachhelfen. 24 Stunden trocknen lassen.

Den ganzen Teller mit der **ÖLFARBE** einschmieren (mit dem Finger oder Lappen).

Nach einer Stunde die Ölfarbe vorsichtig wieder mit einem **WEICHEN LAPPEN** abwischen, ohne die Farbe aus den feinen Rissen herauszureiben. Im Anschluss zwei bis drei Tage durchtrocknen lassen.

Jetzt können Sie den kompletten Teller vorsichtig mit **WARMEM WASSER** abwaschen, damit die letzten dunklen Farbschlieren verschwinden und die feinen dunklen Haarrisse sichtbar werden.

Mit **KLARLACK** versiegeln.

Es kann durchaus mal passieren, dass das Ergebnis nicht so schön ausfällt, wie erhofft. Im vorliegenden Fall sind z. B. die Risse nicht besonders ausgeprägt. Das kann unter anderem daran liegen, dass Grund- oder Reißlack zu dünn aufgetragen worden sind. In diesem Fall kann die ganze Reißlacktechnik noch einmal Schritt für Schritt durchgeführt werden.

Sie können sich das Objekt aber auch genauer anschauen, manchmal ist diese Zurückhaltung ja gerade schön und ein Mehr wäre dann doch des Guten zu viel. Eine Patinierung des Untergrundes ist bei dieser Bearbeitung auf jeden Fall eingetreten. Ich meine, dass der Bambusteller auch ohne weitere Risse sehr gut und alt aussieht und nicht weiter bearbeitet werden muss.

EINFACH MAL EXPERIMENTIEREN
TISCHCHEN IM STILMIX

In vielen Geschäften werden heutzutage Kleinmöbel aus aller Welt zum Kauf angeboten. Die (alt)bewährten skandinavischen Kieferholzmöbel sind längst von Plantagen- bzw. Teakholzmöbeln eingeholt worden.
Sehr beliebt sind neuerdings Möbel aus Altholz. Dieses Holz hat typischerweise eine silbergraue Patina, die für sich genommen schon sehr dekorativ ist.

Aber selbstverständlich kann auch solch ein schönes Stück noch ein wenig exklusiver und individueller gestaltet werden. Da das Altholz aus seiner Natur heraus schon nach Alterung und Gebrauch aussieht, bietet es sich an, weitere Altersspuren und eben verblasste Schönheit darzustellen.

In unserem Beispiel sieht ein kleines Beistelltischchen so aus, als hätten schon unzählige Haremsdamen mit ihrem Sultan neben ihm geruht, um den Erzählungen aus Tausend und einer Nacht zu lauschen.

MATERIAL
- Beistelltischchen aus Altholz
- Pinsel für Schnellanlegemixtion, Schlagmetall, Eisen-/Kupfergrundierung, Oxidationsmittel, Schellack
- Schnellanlegemixtion
- Schlagmetall Gold und Kupfer
- Schablone und eine Lilienform
- Stift, Bastel- oder Nagelschere, Cutter, Gefäße
- Eisen- und Kupfergrundierung
- Rosteffekt (Oxidationsmittel) und Grünspaneffekt (Oxidationsmittel)
- Schleifpapier 100er Körnung
- Schellack Sorten Doppelsonne und Lemon indisch

ARBEITSSCHRITTE

Die Tischplatte wird ein- bis zweimal mit der **SCHNELLANLEGEMIXTION** eingestrichen.
Wenn das Holz stark saugt, eventuell auch ein drittes Mal.

Nach dem klaren Auftrocknen mit **SCHLAGMETALL GOLD** und **KUPFER** bekleben.

Jetzt mit dem **STIFT** die **SCHABLONE** nachzeichnen. In unserem Beispiel habe ich einen dekorativen Filzuntersetzer verwendet. Als Schablone kann wirklich alles verwendet werden.

Um das verschnörkelte Muster herum alles locker mit der **ROST- UND GRÜNSPANGRUNDIERUNG** einpinseln. Dabei bitte beachten, dass das Ornament gold/kupfern ausgespart wird.

Nach dem Auftrocknen mit den jeweiligen **OXIDATIONSLÖSUNGEN** betupfen und bepinseln.

Über Nacht reagieren lassen, sodass die Fläche verrostet und mit Grünspan überzogen wirkt.

Keine Angst, wenn jetzt alles sehr wild und zu unordentlich wirkt, wir nehmen nun vieles von dem, was wir aufgebaut haben, wieder weg. Dazu bearbeiten wir die Oberfläche so mit **SCHLEIFPAPIER**, dass zum Schluss alles stark reduziert und verblasst wirkt. Partiell darf auch das Holz wieder zum Vorschein kommen.

Aber Vorsicht, die einzelnen Schichten nur vorsichtig nach und nach mithilfe des Schleifpapiers wegnehmen und zwischendurch immer kontrollieren, ob das Reduzieren schon genügt.

Am gelungensten wirkt die Tischoberfläche, wenn der Glanz des Schlagmetalls gebrochen und nur in Fragmenten hervorsticht.

Nun setzen wir noch einmal die Lilienschablone ein:
In jede der vier Ecken die Schablone legen, mit **GELBEM FARBSTIFT** nachzeichnen, mit **SCHNELLANLEGEMILCH** bestreichen und mit **SCHLAGGOLD** belegen.

Mit dem gelben Stift noch einmal Teile der Konturen nachziehen, sodass eine räumliche Wirkung erzielt wird.

Zum Schluss wird der Tisch mit beiden **SCHELLACKSORTEN** eingestrichen, am besten zwei- bis dreimal. Der Schellack trocknet sehr schnell an und muss daher zügig verarbeitet werden.

Sie werden bemerken, dass es durch den unterschiedlichen Gelbgrad der Schellacksorten auch leichte farbliche Unterschiede geben wird, die man geschickt ausnutzen kann.

Nun ist die Tischplatte auch versiegelt und geschützt und für leichte Beanspruchung geeignet.

7

PERSÖNLICHES & PATINIERUNG

WIE ALLES BEGANN

Kann man es eigentlich zeitlich eingrenzen, wann ich der Faszination des Verfalls erstmals erlegen bin, wann ich mich zum ersten Mal in **die spröde Schönheit** von Rost und Grünspan verliebt habe?
Wann ist mir die orangefarbene Glut der vielen Rosttöne, die Symphonie im Grün der Patina erstmals ins Bewusstsein gedrungen und hat sich dort bis heute festgesetzt? War es in meiner Kindheit, als ich mich für alles, was mit Antike und Altertum zusammenhing, interessierte und die Spuren dieser Zeit in Ausstellungen und Museen mit all ihren **Zeichen der Verwitterung** mit vor Erfurcht offenem Munde betrachtete?

Den Begriff Patina kannte ich nicht. Doch dieser Reiz, den Rüstungen, Münzen, Schmuck, alte Waffen und sogar eigentlich doch langweilige Gebrauchsgegenstände auf mich ausübten, hing direkt mit ihrer „Haut" zusammen, diesem Spiel von Farben – Nachtschwarz und Stahlblau, Rostrot und schmeißfliegenbunt schillernd, dieses pelzig-puderige Weißgrün des Grünspans, das angelaufene Gold und Kupfer, das verfärbte, unendlich alt wirkende Silber. Diese Dinge konnten Geschichten erzählen, Geschichten von Liebe, Kampf und Tragödien, von Reichtum und Menschen in Fron und Knechtschaft, von Herrschaft und längst untergegangenen Königreichen.

**Man musste nur sehen wollen.
Ich fand es einfach überwältigend.**

Diese Farbigkeit empfand ich als wohltuenden Kontrast zu den wilden Flower-Power-Farben der späten 60er-Jahre und dem grün-orange-braunen Dreiklang der frühen 70er-Jahre. Sie hatte eben nichts Schrilles und Aufdringliches an sich,

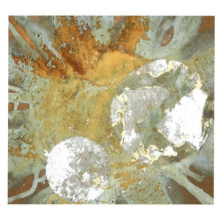

sondern hielt sich vornehm zurück. Diese Farbigkeit musste nicht laut werden, sondern konnte in sich selbst ruhen. Sie brauchte niemandem etwas zu beweisen, sie hatte alle Zeit der Welt.

Ich bin sicher, schon damals zeichnete sich ab, dass mich diese ganz besondere Welt der „verwelkten Schönheit", des verblichenen Glanzes in ihren Bann gezogen hat – nicht nur als Momentaufnahme, sondern für immer und ewig. Ich wusste nur noch nichts davon.

Auch mein Weg zu Kunst und Gestaltung war damit vorgezeichnet.

KÜNSTLERISCHES SCHAFFEN

Dass es nur die Kunst sein konnte, stellte sich schon während meiner Schulzeit heraus. Als Student ging es dann regelmäßig auf Studienfahrt in die Toskana. Ganz sicher, dort habe ich in wenigen Wochen mehr gelernt als in vielen Studienjahren an der Hochschule. Die Schule des Sehens öffnete dort, unter der Sonne Italiens, ihre Pforten und zeigte auf, was wirklich wichtig ist, um Einlass zu finden in die Welt der Farben und Formen.

Florenz, Siena, San Gimignano, die Perlen der Renaissance zeigten auf, wie Vergänglichkeit unsterblich werden konnte. Und über allem schwebte der Glanz der Vergangenheit.

Wie langweilig ist doch der Hochglanz von poliertem Gold und Kupfer, wenn Flecken Lebensspuren bedeuten, wenn Scharten und Verletzungen vom steten Kampf gegen vielerlei Unbill des Schicksals erzählen.
Nicht in jedem Fall einem erfolgreichen ...

Aber können wir uns so manche Skulptur in den Uffizien ohne diese typische Patina, sondern in hochpoliertem Glanz, den Neptun-Brunnen von Bartolomeo Ammanati auf der Piazza della Signoria ohne den pittoresken Grünspan vorstellen?

Wie dem auch sei, ich habe in Italien nicht nur Landschaftsaquarelle gemalt, sondern eben auch den Verfall beobachtet, diesen ganz besonderen Verfall, der wahre Schönheit mit sich bringt.

Noch schlummerten all diese Eindrücke in mir und warteten auf den Tag des Erwachens.

Ich beendete mein Studium, war nun **Diplom-Designer** und suchte in der Kunst meinen Weg.

Erste Erfolge traten ein, Kunstpreise und Stipendien, Auslandsaufenthalte, doch in meinen Bildern und Objekten hatten Patina und Co. noch keinen Platz gefunden.

Sicherlich, ich erfreute mich weiterhin an allem Alten und seinen Spuren, aber dass die Vortäuschung von Alterung und Verwitterung auch einmal in meine Arbeit, angewandt und auch frei, einfließen könnte, war damals noch nicht vorstellbar und zeichnete sich durch nichts ab.

DIE WIEDERENTDECKTE LUST AM ALTEN

Dann kam ich 1993 nach einem längeren künstlerischen Arbeitsstipendium aus Berlin zurück ins Ruhrgebiet. Durch meine Zusammenarbeit mit Architekten in „Kunst am Bau"-Angelegenheiten ergab sich die Anfrage, „ob ich Wände marmorieren und patinieren könne?" Ein Einrichtungshaus für exklusives Ambiente müsse gestaltet werden.

So etwas hatte ich noch nie vorher gemacht!

Doch mit Farben umzugehen hatte ich ja gelernt, und die Bilder aus der Kinderzeit und den Studienreisen von der Schönheit des Gealterten waren noch präsent.

Was sollte ich also tun, ablehnen?

Ich habe den Auftrag angenommen, besorgte mir Literatur für den theoretischen Unterbau und probierte die für mich neuen Techniken im eigenen Wintergarten aus. Und siehe da, es ging sehr gut – so gut, als hätte ich schon immer auf diese Weise gearbeitet.

Die Gestaltung des Einrichtungshauses war ein Erfolg und in der Zusammenarbeit ergaben sich immer neue Aufgaben für mich: „Das hier muss vergoldet werden, dieser Kamin soll wie aus altem Elfenbein wirken, können Sie alte pompejische Wandmalereien nachempfinden?"

Ich probierte alles aus und gewann immer mehr Freude daran. Es machte mir zunehmend Spaß, mich mit der Materie zu beschäftigen, Neues auszuprobieren, Techniken zu verfeinern, Fotobände zu studieren, auf Reisen ganz gezielt zu beobachten und mir alles einzuprägen. Immer mehr setzte ich die Materialien, mit denen ich bisher nur Gegenstände hatte altern lassen, die Techniken, womit ich Räume verzaubert und mit Atmosphäre versehen hatte, in meiner künstlerischen Arbeit ein. Ich experimentierte gleichwertig mit Beizen, Patinierungseffekten, Vergoldungen, Reißlack etc., sowohl in meiner Gestaltungsarbeit als auch auf meinen Bildern und Objekten.

Es war schon faszinierend, wie wunderbar sich diese Werkstoffe in der Kunst einsetzen ließen. Für mich taten sich völlig neue Arbeitswelten und Gestaltungsmöglichkeiten auf.

Seither hat sich meine Arbeit immer um Patinierung und ganz gewöhnliche Materialien aus dem Baumarkt gedreht. Es ist einfach erfüllend, herkömmliche Sehweisen zu brechen und Grenzen der Gestaltung zu überschreiten.
Später zeigte ich dann in der Gesellschaft für Kunst und Gestaltung in Bonn in einer Ausstellung sowohl freie als auch angewandte Arbeiten.

Das Resultat war die Berufung in den Deutschen Werkbund:

„… Wir sehen in Ihnen jenes Bemühen um die Qualität der zu gestaltenden Umwelt, das der Deutsche Werkbund seit seiner Gründung 1907 fordert und anstrebt, und freuen uns, dass Sie unsere Arbeit unterstützen wollen.
Denn die Bedeutung des Deutschen Werkbundes beruht auf dem Beispiel seiner Mitglieder, die durch ihr tägliches Schaffen an der ethisch-ästhetischen Weiterentwicklung der natürlichen, zivilisatorischen und kulturellen Lebensgrundlagen mitwirken …"

Ich bin sicher, das ist ein gutes Motto für jegliche Betätigung in Kunst und Gestaltung. Vielleicht habe ich Ihnen mit diesem Buch die Faszination des Alterns ein wenig näher bringen können.

Lassen Sie sich infizieren und inspirieren.
Viel Freude bei der Arbeit!

BEZUGSQUELLEN
Künstlermaterial allgemein, Artikel zur Rosterzeugung, Material zur Vergoldung:

Einen Großteil der in diesem Buch genannten Materialien erhalten Sie bei boesner, dem führenden Fachhandel für Künstlermaterial. Eine der über 40 Niederlassungen befindet sich sicherlich in Ihrer Nähe. Die Adressen finden Sie unter www.boesner.com.

Styropor-Rosetten und Stuckleisten (Kapitel „Rost & Grünspan") erhältlich in großen Baumärkten.

DER AUTOR & KÜNSTLER JOCHEM AHMANN

1957	geboren in Herten/Westf.
1978	Abitur
1978 – 85	Studium an der FH für Gestaltung, Dortmund – Diplom
1984	Gründung des „Komitee für optisch-akustische Interaktion ", Performance
1985	Mitbegründer der Produzenten-„Galerie 365", Berlin
seit 1987	Dozent an verschiedenen Instituten
1987 – 97	Vorsitzender des Vestischen Künstlerbundes
1989	Neugründung des Kunstvereins Recklinghausen mit Ferdinand Ullrich + Martin Bartel
1991 – 2001	Mitglied gfg = Gruppe für Gestaltung um Prof. Rolf Glasmeier
1992	Gründung der Fegefeuer Press, Gelsenkirchen mit Jürgen Schimanek

1992	Transfer - Stipendium in Antwerpen/Belgien, Sekretariat für gemeinsame Kulturarbeit und Kultusministerium des Landes NRW
1992 – 1993	Intern. Atelierprogramm des Künstlerhauses Bethanien, Berlin
1993	Projektförderung Gesellschaft zur Förderung der Westfälischen Kulturarbeit e.V.
1993	Preisträger Märkisches Stipendium für Bildende Kunst 94, Bildhauerei
1997	Berufung in den Deutschen Werkbund
2000	Mitglied im Westdeutschen Künstlerbund
seit 2002	Vorstandsmitglied im Westdeutschen Künstlerbund
2007	Autor des Buches „Künstlerische Veredelungstechniken"
seit 2007	Vorstandsmitglied im DeutschenWerkbund NW
2009	Mitglied im Deutschen Künstlerbund
2009	Projektförderung Landschaftsverband Westfalen/Lippe
seit 2009	Dozent für Experimentelles Gestalten, Sommerakademie der fadbk. Essen
2010	Lehrauftrag in Professurvertretung an der Hochschule Bochum/ FB Architektur
seit 2012	Dozent an der Sommerakademie am Rothaarsteig, Siegen

Ausstellungen, Aktionen und Projekte in

Deutschland, Niederlande, Belgien, Schweden, Russland, England,
Ukraine, Polen, Spanien, Litauen und Ungarn

Bibliografische Information der Deutschen Bibliothek:
Die Deutsche Bibliothek verzeichnet diese Publikation in der Deutschen
Nationalbibliografie; detaillierte bibliografische Daten sind im Internet über
http://dnb.d-nb.de abrufbar.

Die Nachahmung und Vervielfältigung dieses Buches, auch auszugsweise,
ist nur mit schriftlicher Genehmigung des Verlags gestattet.

© 2013 ars momentum Kunstverlag, Witten
Alle Rechte vorbehalten
Künstlerische Veredelungstechniken
Neue Einrichtungseffekte durch Patina & Co.

Konzeption: Stina Hölz, Jochem Ahmann
Text: Jochem Ahmann
Lektorat: Sara Strüßmann (www.besseretexte.de)
Objektbearbeitung: Jochem Ahmann
Fotografie: Bettina Wolf, ausgenommen Titel- und Klappenmotiv sowie die
Abbildungen auf den Seiten 4/5, 144-147 & 150 von Jochem Ahmann
Abbildung auf Seite 55 & den Seiten 140/141 von Ralf Hölz
Gestaltung: Dennis Krause
Gesamtherstelllung: B.O.S.S Druck und Medien GmbH, Goch

Das Werk ist urheberrechtlich geschützt.
Sämtliche Verwertungen, auch auszugsweise, bleiben vorbehalten.

Printed in Germany
ISBN 978–3–938193–79–2